齐沪扬 总主编
袁舫 主编

Sports Chinese 800
体育汉语

商务印书馆
The Commercial Press
2017年·北京

图书在版编目（CIP）数据

体育汉语800句/袁舫主编.—北京：商务印书馆，2017

ISBN 978-7-100-11935-1

I.①体… Ⅱ.①袁… Ⅲ.①体育—汉语—口语—对外汉语教学—教材 Ⅳ.① H195.4

中国版本图书馆 CIP 数据核字（2016）第010074号

权利保留，侵权必究。

TĬYÙ HÀNYǓ 800 JÙ
体育汉语800句
袁舫 主编

商务印书馆出版
（北京王府井大街36号 邮政编码100710）
商务印书馆发行
北京中科印刷有限公司印刷
ISBN 978-7-100-11935-1

2017年11月第1版　　开本787×1092　1/32
2017年11月北京第1次印刷　印张9 1/2
定价：40.00元

本书编委会

总 主 编　齐沪扬
主　　编　袁舫
编　　者　（按音序排列）
　　　　　常萍萍　陈杰一　凌红梅　秦　亮
　　　　　谭　威　杨　慧　张林华　张　岩
翻　　译　（按音序排列）
　　　　　范　青　冯柳慧　许　诺　朱煦飞
英文审订　（按音序排列）
　　　　　梅　皓　童晓虎〔美〕　钟慧莹〔美〕

Mù　　Lù
目　　录
Contents

前言　Preface　　　　　　　　　　　　　　　　　　　　　　1

Yī　Kàn　Bǐsài
一、看　比赛　Watching Games　　　　　　　　　　　　1

Dì-yī Kè　Liǎojiě Sàishì
第 一 课　　了解　赛事　Understanding Events　　　　　1

Dì-èr Kè　Bǐsài Ménpiào
第 二 课　　比赛　门票　Tickets to Games　　　　　　　5

Dì-sān Kè　Xiāngyuē Guānsài
第 三 课　　相约　观赛　Appointment to Watching Games　9

Dì-sì Kè　Guānsài Lǐyí
第 四 课　　观赛　礼仪　Manners at Matches　　　　　　13

Èr　Sàishì　Fúwù
二、赛事　服务　Game Service　　　　　　　　　　　19

Dì-wǔ Kè　Shísù Jiāotōng
第 五 课　　食宿　交通　Accommodation and Transportation　19

Dì-liù Kè　Zhìyuànzhě Fúwù
第 六 课　　志愿者　服务　Voluntary Service　　　　　　23

Sān Tǐyùmí
三、体育迷 Sports Fans   28

Dì-qī Kè　Lālāduì
第七课　啦啦队　Cheerleaders   28
Dì-bā Kè　Jìniànpǐn
第八课　纪念品　Souvenirs   32
Dì-jiǔ Kè　Zhuīxīngzú
第九课　追星族　Fans   37

Sì Gòumǎi Tǐyù Yòngpǐn
四、购买 体育 用品 Buying Sporting Goods   42

Dì-shí Kè　Gòumǎi Yùndòng Fúzhuāng
第十课　购买 运动 服装　Buying Sports Wear   42
Dì-shíyī Kè　Gòumǎi Yùndòng Qìcái
第十一课　购买 运动 器材　Buying Sports Equipment   47

Wǔ Jiārù Jiànshēn Jùlèbù
五、加入 健身 俱乐部 Joining the Fitness Club   52

Dì-shí'èr Kè　Zīxún Liǎojiě
第十二课　咨询 了解　Asking for and Getting Information   52
Dì-shísān Kè　Bàn Kǎ Zhuǎn Kǎ
第十三课　办卡 转 卡　Applying for and Transferring Membership   56
Dì-shísì Kè　Jiànshēn
第十四课　健身　Workout   61

Liù Qiúlèi Xiàngmù
六、球类 项目 Ball Games   66

Dì-shíwǔ Kè　Zúqiú
第十五课　足球　Football   66

Dì-shíliù Kè 第十六课	Lánqiú 篮球 Basketball	71
Dì-shíqī Kè 第十七课	Páiqiú 排球 Volleyball	75
Dì-shíbā Kè 第十八课	Wǎngqiú 网球 Tennis	79
Dì-shíjiǔ Kè 第十九课	Yǔmáoqiú 羽毛球 Badminton	83
Dì-èrshí Kè 第二十课	Pīngpāngqiú 乒乓球 Table Tennis	87

Qī　Tiánjìng　Xiàngmù
七、　田径　项目　Track and Field Events　　92

Dì-èrshíyī Kè 第二十一课	Tiánsài 田赛 Field Events	92
Dì-èrshí'èr Kè 第二十二课	Jìngsài 径赛 Track Events	97

Bā　Tǐcāo　Xiàngmù
八、体操　项目　Gymnastics　　102

Dì-èrshísān Kè 第二十三课	Nánzǐ Tǐcāo 男子 体操 Men's Gymnastics	102
Dì-èrshísì Kè 第二十四课	Nǚzǐ Tǐcāo 女子 体操 Women's Gymnastics	106

Jiǔ　Shuǐshàng　Xiàngmù
九、　水上　项目　Water Sports　　112

Dì-èrshíwǔ Kè 第二十五课	Yóuyǒng 游泳 Swimming	112

Dì-èrshíliù Kè　Tiàoshuǐ
第 二十六 课　　跳水　Diving　　　　　　　　　　　　　116

Shí　Bīngxuě Xiàngmù
十、　冰雪　项目　Ice and Snow Sports　　　　　　　121

Dì-èrshíqī Kè　Huábīng
第 二十七 课　滑冰　Skating　　　　　　　　　　　　121
Dì-èrshíbā Kè　Huáxuě
第 二十八 课　滑雪　Skiing　　　　　　　　　　　　125

Shíyī　Zhìlì Xiàngmù
十一、　智力　项目　Strategy Games　　　　　　　　130

Dì-èrshíjiǔ Kè　Wéiqí
第 二十九 课　围棋　Go　　　　　　　　　　　　　　130
Dì-sānshí Kè　Qiáopái
第 三十 课　　桥牌　Bridge　　　　　　　　　　　　134
Dì-sānshíyī Kè　Guójì Xiàngqí
第 三十一 课　国际 象棋　Chess　　　　　　　　　　138

Shí'èr　Qítā Xiàngmù
十二、　其他　项目　Other Sports　　　　　　　　　143

Dì-sānshí'èr Kè　Sàichē Xiàngmù
第 三十二 课　赛车　项目　Motor Racing　　　　　　143
Dì-sānshísān Kè　Bójī Xiàngmù
第 三十三 课　搏击　项目　Fighting Events　　　　　147
Dì-sānshísì Kè　Shèjī Shèjiàn
第 三十四 课　射击　射箭　Shooting and Archery　　152

Dì-sānshíwǔ Kè　Qítā
第 三十五 课　其他　Other Events　　　　　　　　　　　　157

Shísān　Tǐyù Xīnwén
十三、　体育　新闻　Sports News　　　　　　　　　　　162

Dì-sānshíliù Kè　Bǐsài Jìnchéng
第 三十六 课　比赛　进程　Competition Progress　　　162
Dì-sānshíqī Kè　Bǐsài Jiéguǒ
第 三十七 课　比赛　结果　Competition Results　　　166
Dì-sānshíbā Kè　Tǐtán Míngxīng
第 三十八 课　体坛　明星　Sports Stars　　　　　　　171

Shísì　Zhōngguó Gōngfu
十四、　中国　功夫　Kung Fu　　　　　　　　　　　　177

Dì-sānshíjiǔ Kè　Tàijíquán
第 三十九 课　太极拳　Tai Chi Chuan　　　　　　　　177
Dì-sìshí Kè　Shàolín Wǔshù
第 四十 课　少林　武术　Shaolin Wushu　　　　　　　182

Shíwǔ　Yùndòng Xiūxián
十五、　运动　休闲　Sports and Leisure　　　　　　　187

Dì-sìshíyī Kè　Chénliàn
第 四十一 课　晨练　Morning Exercise　　　　　　　　187
Dì-sìshí'èr Kè　Jiētóu Yùndòng
第 四十二 课　街头　运动　Street Sports　　　　　　　192
Dì-sìshísān Kè　Hùwài Yùndòng
第 四十三 课　户外　运动　Outdoor Sports　　　　　　196

Dì-sìshísì Kè　Jíxiàn Yùndòng
第四十四课　极限　运动　Extreme Sports　　　　　　201

Shíliù　Yùndòng Ānquán
十六、运动　安全　Sports Safety　　　　　　206

Dì-sìshíwǔ Kè　Yùfáng Yùndòng Sǔnshāng
第四十五课　预防　运动　损伤
　　　　　　Preventing of Sports Injuries　　206
Dì-sìshíliù Kè　Yìngjí Chǔlǐ
第四十六课　应急 处理　Emergency Response　211
Dì-sìshíqī Kè　Kàn Yīshēng
第四十七课　看　医生　Seeing a Doctor　　216
Dì-sìshíbā Kè　Shānghòu Bǎoyǎng
第四十八课　伤后　保养　Rehabilitation after Injury　220

Shíqī　Yùndòng Yǔ Yǐnshí
十七、运动　与　饮食　Sports and Food　　226

Dì-sìshíjiǔ Kè　Yùndòngyuán de Yíngyǎng
第四十九课　运动员　的　营养　Nutrition for Athletes　226
Dì-wǔshí Kè　Yùndòng Hòu de Bǎojiàn
第五十课　运动　后 的　保健　Health Care after Workouts　230

Suǒyǐn
索引　Index　　　　　　236

Fùlù
附录 Appendices 277

(一) Zhōngguó Gè Dà Chéngshì Tǐyù Chǎngguǎn Míngchēng、Dìzhǐ
中国 各大 城市 体育 场馆 名称、地址
Names and Addresses of Sports Venues in Major Chinese Cities 277

(二) Zhōngguó Zhǔyào Tǐyùlèi Bàokān Míngchēng
中国 主要 体育类 报刊 名称
Names of Major Chinese Sports Publications 282

(三) Zhōngguó Gùdìng Jǔbàn de Dàxíng Tǐyù Sàishì
中国 固定 举办 的 大型 体育 赛事
Names of Major Recurring Chinese Sports Competition 283

(四) Zhōngguó Chuántǒng Mínjiān Tǐyù Xiàngmù
中国 传统 民间 体育 项目
Names of Traditional Chinese Athletic Activities 284

(五) Zhōngguó Zhǔyào Tǐyù Jīgòu Zǔzhī Míngchēng
中国 主要 体育 机构 组织 名称
Names of Major Chinese Sports Organisations 285

(六) Lìjiè Àoyùnhuì Jǔbàndì
历届 奥运会 举办地
Locations of Past Olympic Games 286

前 言

《体育汉语800句》是上海师范大学对外汉语学院编写的"汉语800句"系列丛书中的一本,我们把这本小书呈现给大家,希望能够对来中国学汉语的留学生有所帮助。

这本书具有以下特点:

1. 秉承"汉语800句"系列丛书的风格和体例,由主题和次主题构成,每个主题下面包括2到5个不等的次主题。每个次主题包括10个基本句与2组对话。每一组对话根据对话上句的内容给出了两种不同的对话下句,帮助使用者了解对同一个问题,可以根据情况做出两种不同的应答。

2. 每一个次主题包含16个句子,每一个句子的长度是15个词语左右。

3. 每一个次主题的16个句子后面有一个词语表,平均每个次主题25条词语左右,按照在正文中出现的先后顺序排列。

4. 每一个句子都有拼音,拼音是分词连写,分词标准参照《新华拼写词典》(商务印书馆)和《现代汉语词典》

(第7版)。

5.每一个句子和每一条词语都有英文翻译,便于使用者学习和理解。

6.书后有词语索引,索引按照英文排序,便于使用者查找。

7.书后有附录,提供与体育有关的一些知识、常识和信息,便于读者了解和查阅。

这本《体育汉语800句》紧扣"体育"主题,无论是话题的选择、句子的编写、词语的筛选、附录的设计,都围绕"体育"话题,在此基础上组织语句,希望能够帮助汉语学习者掌握更多的相关词语和表达方式,同时了解与体育相关的知识。

本书既可以作为外国人在中国生活的会话手册,也可以作为体育相关领域从业人士的专项汉语教材使用,还可为具备一定汉语水平的外国人提供体育相关的阅读素材。

编者
2017年3月

Preface

Sports Chinese 800 is one of the *Chinese 800* series of books edited by the International College of Chinese Studies of Shanghai Normal University. This book is targeted towards international students, with the aim of providing reference material for them to learn Chinese.

The book has the following characteristics:

1. Adhering to the style of the *Chinese 800* series, this brochure is categorized by themes and sub-themes. Each theme consists of 2 to 5 different sub-themes, more or less. Each sub-theme includes 10 basic sentences and 2 dialogue groups. Each group presents 2 different following sentences according to the above sentences which prepares readers to give two different answers to the same question in different situations.

2. Each sub-theme includes 16 sentences of about 15 words.

3. Each sub-theme includes a word list which anchors the following 16 sentences. Each sub-theme averages about 25 vocabulary items, ranked order by appearance in the text.

4. Each sentence includes transcriptions in Chinese *Pinyin* with word segmentation. The standard for the word segmentation relies upon rules set forth in the *Xinhua Spelling Dictionary* (published by The Commercial Press) and *Modern Chinese*

Dictionary (7th edition).

5. Both sentences and words are coupled with English translations, so as to further convenience in terms of understanding.

6. At the end of the book, there is a vocabulary index which is ordered by English meaning for reference convenience.

7. At the end of the book, there are appendices which supply some knowledge, common senses and information about sports, in order to help learners to supplement their knowledge.

Sports Chinese 800 is centrally focused on the topic of sports, including in its topical selection, the penning of the sentences, the choice of words and the design of the appendices. It is our desire that Chinese learners will be able to not only improve their language skills with their mastery of the sentences and vocabulary items contained within, but also gain knowledge related to sports.

This book can be used as a survival conversation handbook for Chinese-language learners in China, a specialized Chinese textbook for sports related professionals, or a sports related reading material for non-native learners with a certain level of Chinese proficiency.

Editor
2017.3

一、看 比赛

UNIT 1 WATCHING GAMES

第一课 了解 赛事
Lesson 1 Understanding Events

1. 你们可以打电话、发短信或上网查询奥运会的比赛安排。

   You can check the schedule of the Olympic Games via telephone, text, or the Internet.

2. 今年的世界游泳锦标赛在哪里举行,你知道吗?

   Do you know where the FINA World Championships are being held this year?

3. 你知道这次足球世界杯A组的比赛安排吗?

   Do you know the match arrangement of Group A for this FIFA World Cup?

4. Jīntiān wǎnshang Huǒjiàn Duì duìzhàn Húrén Duì, yídìng hěn jīngcǎi.
今天 晚上 火箭 队 对战 湖人队,一定 很 精彩。

Tonight is the game between the Rockets and the Lakers. It will be exciting.

5. Yóuyú tiānqì yuányīn, míngtiān de zúqiú bǐsài qǔxiāo le, zhēn sǎoxìng.
由于 天气 原因,明天 的 足球 比赛 取消 了,真 扫兴。

I am so disappointed that tomorrow's soccer game is cancelled because of the weather.

6. Jīntiān wǎnshang de NBA shì nǎge duì hé nǎge duì dǎ?
今天 晚上 的 NBA 是 哪个 队 和 哪个 队 打?

Which two teams are playing in tonight's NBA game?

7. Kēbǐ shàng gèyuè zài bǐsài zhōng shòushāng le, jīnwǎn de bǐsài hái huì cānjiā ma?
科比 上个月 在 比赛 中 受伤 了,今晚 的 比赛 还 会 参加 吗?

Kobe was injured during a game last month. Will he be in tonight's game?

8. Běijīng Àoyùnhuì Zhōngguó nále jǐ méi jiǎngpái ya?
北京 奥运会 中国 拿了 几枚 奖牌 呀?

How many medals did China get at the Beijing Olympic Games?

9. Zuótiān wǎnshang de zúqiúsài shénme shíhou chóngbō a?
昨天 晚上 的 足球赛 什么 时候 重播 啊?

When will last night's soccer game be rebroadcast?

10.
Wǎngshàng yǐjīng yǒu zhè jiè Wēn-Wǎng de sàichéngbiǎo le, nǐ kěyǐ shàngwǎng chá yíxià.
网上已经有这届温网的赛程表了,你可以上网查一下。

The schedule of this Wimbledon Championship is already online. You can check it out.

11. A: Míngtiān bǐsài de shíhou wǒ zhèngzài xiàbān lùshang, kàn bú dào zhíbō le, ài…
明天比赛的时候我正在下班路上,看不到直播了,唉……

I will be on the way home from work when tomorrow's game starts, so I can't watch it live. What a pity!

B1: Guǎngbō yě yǒu zhíbō, nǐ kěyǐ zài lùshang tīng.
广播也有直播,你可以在路上听。

There is also a live radio broadcast. You can listen to it on the way.

B2: Nà nǐ zhǐ néng kàn dì-èr tiān de chóngbō le.
那你只能看第二天的重播了。

Then you can only watch the rerun tomorrow.

12. A: Yīng-Chāo qiúduì yào lái Shànghǎi dǎ yǒuyìsài le, nǐ zhīdao bǐsài de jùtǐ shíjiān ma?
英超球队要来上海打友谊赛了,你知道比赛的具体时间吗?

EPL is coming to Shanghai for the friendly matches. Do you know when the match is, specifically?

B1: Wǒ bù qīngchu, nǐ kàn yíxià sàichéngbiǎo ba, shàngmian yǒu bǐsài shíjiān hé duìzhèn qíngkuàng děng, hěn xiángxì.
我不清楚，你看一下赛程表吧，上面有比赛时间和对阵情况等，很详细。

I'm not sure. Please check the schedule. The times and team pairings are all there. It is very detailed.

B2: Xiàgèyuè shí hào, wǒ yě hěn qīdài zhè chǎng bǐsài.
下个月10号，我也很期待这场比赛。

The 10th of next month. I'm looking forward to it, too.

词语　Vocabulary

序号	词语	拼音	词性	翻译
1	赛事	sàishì	名	event
2	奥运会	Àoyùnhuì	名	the Olympic Games
3	游泳	yóuyǒng	动	to swim
4	锦标赛	jǐnbiāosài	名	championship
5	足球	zúqiú	名	football; soccer
6	世界杯	Shìjièbēi	名	the World Cup
7	对战	duìzhàn	动	to fight against
8	取消	qǔxiāo	动	to cancel
9	枚	méi	量	(measure word for small objects)
10	奖牌	jiǎngpái	名	medal
11	重播	chóngbō	动	to rebroadcast

12	届	jiè	量	(measure word for regular meetings or matches)
13	温网	Wēn-Wǎng	名	Wimbledon Championship
14	赛程表	sàichéngbiǎo	名	schedule
15	直播	zhíbō	动	to broadcast live
16	英超	Yīng-Chāo	名	EPL (English Premier League)
17	球队	qiúduì	名	team
18	友谊赛	yǒuyìsài	名	friendly match
19	对阵	duìzhèn	动	to have a match

Dì-èr Kè Bǐsài Ménpiào
第二课 比赛 门票
Lesson 2 Tickets to Games

Wǒ zài nǎli cái néng mǎidào yóuyǒng bǐsài de ménpiào ne?
1. 我在哪里才能 买到 游泳比赛的 门票呢?

Where can I buy tickets to the swimming competition?

Àoyùnhuì ménpiào yùdìng yǐjīng kāishǐ le, nǐ kěyǐ zài wǎngshàng dìngpiào.
2. 奥运会 门票预订 已经 开始了,你可以在 网上 订票。

The tickets to the Olympic Games are already available. You can purchase them online.

3. Wǒ yǒu shì kàn bù liǎo míngtiān de bǐsài, suǒyǐ xiǎng tuìpiào.
我有事看不了明天的比赛,所以想退票。

I can't watch tomorrow's match due to other plans, so I want to get a refund.

4. Tā zhēn xìngyùn, jūrán kěyǐ mǎidào Yàyùnhuì kāimùshì de ménpiào.
他真幸运,居然可以买到亚运会开幕式的门票。

He is so lucky to get tickets to the opening ceremony of the Asian Games.

5. Nǐ kě bù néng mǎi huángniúpiào ya, hěn kěnéng shì jiǎpiào.
你可不能买黄牛票呀,很可能是假票。

Don't buy scalped tickets. They may be fake.

6. Zhè zhǒng guìbīnxí de ménpiào shì zhǔbànfāng zèngsòng de, bú duìwài fāshòu.
这种贵宾席的门票是主办方赠送的,不对外发售。

This kind of VIP seat is presented by the host and not for sale.

7. Tiān na, mǎi piào de rén tài duō le, jiǎnzhí shì rénshān-rénhǎi!
天哪,买票的人太多了,简直是人山人海!

Oh, dear. So many people are buying tickets. It's so crowded.

8. Xiànzài zhǐ yǒu kàntáipiào le, lí qiúchǎng yǒudiǎnr yuǎn, zuìhǎo dài gè wàngyuǎnjìng.
现在只有看台票了,离球场有点儿远,最好带个望远镜。

There're only grandstand tickets left. It's a little far from the court, so you should bring a pair of binoculars.

9. _{Wǒ yǒu yì zhāng lánqiú bǐsài de ménpiào xiǎng zhuǎnràng, nǐ yǒu péngyou xūyào dehuà kěyǐ hé wǒ liánxì.}
我有一张篮球比赛的门票想转让,你有朋友需要的话可以和我联系。

I want to get rid of an extra basketball ticket. If you have any friends who want it, you can contact me.

10. _{Wǒ xiǎng huàn piào, yǒu méiyǒu zhōumò lánqiúsài de ménpiào?}
我想换票,有没有周末篮球赛的门票?

I want to change tickets. Are there any tickets left to this weekend's basketball game?

11. A: _{Nǐ hǎo, wǒ yào mǎi yì zhāng Bāyuè shíqī hào tiàoshuǐ bǐsài de ménpiào.}
你好,我要买一张 8月17号跳水比赛的门票。

Hello. I'd like to buy a ticket to the diving event on August 17th.

B1: _{Duìbuqǐ, nín yào de piào yǐjīng màiwán le.}
对不起,您要的票已经卖完了。

Sorry, it's sold out.

B2: _{Hǎo de, A qū de zuòwèi zài zhōngjiān, bǐjiào hǎo.}
好的,A区的座位在中间,比较好。

Okay. The seats in Area A are better since it's located in the middle.

12. A: 你买到 110 米跨栏决赛的门票了吗?

Have you bought the ticket for the finals of the 110m Hurdles?

B1: 买票的人太多了,我没有买到。

There are too many people; I couldn't buy one.

B2: 是的,买到了。我是提前在网上预订的,今天去现场领票。

Yes, I got it. I booked online in advance and went there to get the ticket today.

● 词语　Vocabulary

序号	词语	拼音	词性	翻译
1	门票	ménpiào	名	ticket
2	预订	yùdìng	动	to book
3	退票	tuì piào		to refund
4	亚运会	Yàyùnhuì	名	the Asian Games
5	开幕式	kāimùshì	名	opening ceremony
6	黄牛票	huángniúpiào	名	scalped ticket
7	假票	jiǎ piào		fake ticket
8	贵宾席	guìbīnxí	名	VIP seat
9	主办方	zhǔbànfāng	名	the host of an event
10	发售	fāshòu	动	to sell

11	人山人海	rénshān-rénhǎi		people everywhere
12	看台票	kàntáipiào	名	grandstand ticket
13	望远镜	wàngyuǎnjìng	名	binoculars
14	篮球	lánqiú	名	basketball
15	转让	zhuǎnràng	动	to resell
16	换票	huàn piào		to change tickets
17	跳水	tiàoshuǐ	动	to dive
18	跨栏	kuàlán	动	to hurdle
19	决赛	juésài	名	finals
20	现场	xiànchǎng	名	site; spot
21	领票	lǐng piào		to pick up a ticket

Dì-sān Kè Xiāngyuē Guānsài
第三课 相约 观赛
Lesson 3 Appointment to Watching Games

1. Zǒngjuésài jiù yào kāishǐ le, lái wǒ jiā yìqǐ kàn zhíbō ba, yí gè rén kàn bǐsài méi yìsi.
总决赛就要开始了,来我家一起看直播吧,一个人看比赛没意思。

The final is going to start. Come to my home and watch it live together, watching alone is boring.

2. Wǒmen yìqǐ qù wèi yùndòngyuán jiāyóu ba, bié wàngle chuānshàng qiúmí jùlèbù fā de T-xù.
我们一起去为运动员加油吧,别忘了穿上球迷俱乐部发的T恤。

Let's go and cheer for the players. Don't forget to wear the T-shirt the fan club sent out.

3. _{Wǒ kě bù xiǎng zài yuē Xiǎo Lǐ yìqǐ qù kàn bǐsài le,}
   我可不想再约小李一起去看比赛了，
   _{shàngcì kàn bǐsài de shíhou tā shízài tài chǎo le.}
   上次看比赛的时候她实在太吵了。

I don't want to go with Xiao Li to watch game again. Last time she was so noisy.

4. _{Lǐ Míng gěile wǒ liǎng zhāng yùxuǎnsài de piào, nǐ yào bú yào}
   李明给了我两张预选赛的票，你要不要
   _{yìqǐ qù?}
   一起 去？

Li Ming gave me two tickets to the qualifying match. Would you like to go with me?

5. _{Wǒmen qù jiǔbā kàn bǐsài ba, Shìjièbēi qījiān yǒu hěn duō}
   我们去酒吧看比赛吧，世界杯期间有很多
   _{qiúmí jù zài nàli, qìfēn hěn hǎo.}
   球迷聚在那里，气氛很好。

Let's go to the bar to watch games. During the World Cup, there are a lot of fans over there. The atmosphere is great.

6. _{Wǒmen xiàwǔ yī diǎn bàn zài tǐyùchǎng běimén de jiǎnpiàokǒu}
   我们下午一点半在体育场北门的检票口
   _{jiànmiàn, jìde dàihǎo ménpiào, bújiàn-búsàn!}
   见面，记得带好门票，不见不散！

We'll meet at the ticket check of the North Gate of the stadium at 1:30 pm. Please remember to bring the ticket. Be there or be square!

7. *Tīngshuō nǐ shì zīshēn qiúmí, nǎ tiān yìqǐ qù kàn zúqiúsài ba.*
听说你是资深球迷,哪天一起去看足球赛吧。

I heard that you're a veteran fan. Let's pick a day and watch soccer games together.

8. *Zhōumò bié lǎoshì guàngjiē le, nǐ xǐhuan pīngpāngqiú, wǒmen qù kàn pīngpāngqiú bǐsài ba.*
周末别老是逛街了,你喜欢乒乓球,我们去看乒乓球比赛吧。

Don't go shopping every weekend. You like table tennis. Let's go and watch table tennis games.

9. *Àoyùnhuì kāimù le, wǒ hái méi kànguo xiànchǎng bǐsài ne, nǐ xiǎng yìqǐ qù kànkan ma?*
奥运会开幕了,我还没看过现场比赛呢,你想一起去看看吗?

The Olympic Games have started. I haven't seen any live matches yet. Would you like to go with me?

10. *F yī Jǐnbiāosài kuài jiéshù le, jiàoshàng jǐ gè péngyou yìqǐ qù ba.*
F1锦标赛快结束了,叫上几个朋友一起去吧。

The F1 World Championship is going to the end soon. Call some friends and let's go watch it together.

11. A: *Nǐ xiǎng hé wǒ yìqǐ qù kàn míngtiān de yǔmáoqiú bǐsài ma?*
A: 你想和我一起去看明天的羽毛球比赛吗?

Do you want to watch tomorrow's badminton game with me?

B1: 好啊，听说票很难买，你居然买到了。

Sure. I heard it was hard to get the tickets, but you did!

B2: 我还是在家看转播吧，电视比现场看得清楚。

I'd better stay at home to watch the broadcast. I can see better on the TV than in person.

12. A: 我想约女朋友一起去看比赛，哪种比赛合适呢？

I'd like to watch a game with my girlfriend. Which sports is a good idea?

B1: 你女朋友不是喜欢丁俊晖吗，看台球比赛吧。

She likes Ding Junhui, doesn't she? So go and watch a snooker match.

B2: 女孩子恐怕不喜欢看体育比赛，还是去看电影吧。

Girls may not like watching sports games. Watching a movie is better.

词语　Vocabulary

序号	词语	拼音	词性	翻译
1	观赛	guānsài	动	to watch games
2	总决赛	zǒngjuésài	名	the final
3	运动员	yùndòngyuán	名	athlete
4	加油	jiāyóu	动	to cheer
5	球迷	qiúmí	名	fan
6	俱乐部	jùlèbù	名	club
7	预选赛	yùxuǎnsài	名	qualifying match
8	气氛	qìfēn	名	atmosphere
9	体育场	tǐyùchǎng	名	stadium
10	检票口	jiǎnpiàokǒu	名	ticket check
11	不见不散	bújiàn-búsàn		Be there or be square.
12	资深	zīshēn	形	veteran
13	乒乓球	pīngpāngqiú	名	table tennis
14	羽毛球	yǔmáoqiú	名	badminton
15	转播	zhuǎnbō	动	to broadcast; to relay
16	台球	táiqiú	名	snooker; billiards

Dì-sì Kè　Guānsài　Lǐyí
第四课　观赛　礼仪
Lesson 4　Manners at Matches

　　Kàn bù tóng de bǐsài yào zhùyì bù tóng de lǐyí,　zhè shì duì
1. 看不同的比赛要注意不同的礼仪，这是对

bǐsài xuǎnshǒu de zūnzhòng.
比赛 选手 的 尊重。

There are different rules for audiences at different sports matches; observe them to show respect to the competitors.

Nǐ zěnme méiyǒu bǎ shǒujī tiáochéng zhèndòng a? Kàn wéiqí bǐsài xūyào bǎochí ānjìng.

2. 你怎么 没有 把 手机 调成 振动 啊？看 围棋 比赛 需要 保持 安静。

You didn't put your phone on vibrate? We need to keep quiet when watching the game of Go.

Bié zài gāo'ěrfū qiúyuán fāqiú shí pāizhào, huì yǐngxiǎng tāmen fāhuī de.

3. 别 在 高尔夫 球员 发球 时 拍照，会 影响 他们 发挥 的。

Don't take pictures when the golfer is swinging. It will affect their performance.

Yǒuxiē qiúmí zài qiúchǎng shang hèdàocǎi, zhè shì hěn bù wénmíng de xíngwéi.

4. 有些 球迷 在 球场 上 喝倒彩，这是 很 不 文明 的 行为。

Some fans boo on the court. It's very impolite.

Kàn bǐsài shí kě bié dàochù zǒudòng, huì yǐngxiǎng qítā guānzhòng guānsài de.

5. 看 比赛 时 可 别 到处 走动，会 影响 其他 观众 观赛 的。

Don't walk around when watching the game. It will affect the others in the audience.

6. 游泳馆是公共场所，不能吸烟，乱扔烟头还可能引起火灾。

The indoor pool is a public place. Don't smoke. And littering cigarette butts may cause a fire.

7. 赛场升国旗、奏国歌时，我们应该脱帽、起立。

When the national flag is being raised and the national anthem is playing in the arena, we should take off our caps and stand up.

8. 我们让后面的老年人先入场吧，时间还早，不着急。

Let the senior behind us enter the court first. It's still early. No hurry.

9. 运动员出现失误的时候，我们也应该用掌声给他们鼓励。

When athletes make mistakes, we should still applaud to encourage them.

10. 我们啦啦队的口号牌和横幅不要做得太大，这样会妨碍其他观众的。

The sign and banner of our cheering team shouldn't be too big, otherwise they will affect other audience members.

11. A: Jīnwǎn wǒmen qù kàn bǐsài, chuān shénme yīfu hǎo ne?
今晚我们去看比赛,穿什么衣服好呢?

We are going to watch the game tonight. What should I wear?

B1: Kàn tǐyù bǐsài yòu bú shì kàn yǎnchū, chuān shénme dōu méiyǒu guānxi.
看体育比赛又不是看演出,穿什么都没有关系。

It's just a game, not a performance. You can wear whatever you please.

B2: Yìbān dōu néng chuān de suíbiàn xiē, dàn rúguǒ nǐ qù kàn gāo'ěrfū dehuà, háishi chuān de zhèngshì diǎnr ba.
一般都能穿得随便些,但如果你去看高尔夫的话,还是穿得正式点儿吧。

Usually, you can dress casually. But if you're going to watch golf, it's better to be a little formal.

12. A: Bǐsài jiéshù le, wǒmen zǒu ba.
比赛结束了,我们走吧。

The game is over. Let's go.

B1: Xiànzài rén tài duō le, wǒmen děng rén zǒu de chàbuduō le zài zǒu.
现在人太多了,我们等人走得差不多了再走。

It's too crowded now. We can wait and go later.

B2: <ruby>别<rt>Bié</rt></ruby> <ruby>忘了<rt>wàngle</rt></ruby> <ruby>把<rt>bǎ</rt></ruby> <ruby>饮料瓶<rt>yǐnliàopíng</rt></ruby> <ruby>带走<rt>dàizǒu</rt></ruby>，<ruby>我们<rt>wǒmen</rt></ruby> <ruby>要<rt>yào</rt></ruby> <ruby>做<rt>zuò</rt></ruby> <ruby>文明<rt>wénmíng</rt></ruby> <ruby>观众<rt>guānzhòng</rt></ruby>。

Don't forget to throw away your beverage bottle. We should be a civilized audience.

词语　Vocabulary

序号	词语	拼音	词性	翻译
1	礼仪	lǐyí	名	manners; etiqutte
2	选手	xuǎnshǒu	名	competitor
3	围棋	wéiqí	名	the game of Go
4	高尔夫	gāo'ěrfū	名	golf
5	发球	fāqiú	动	to swing (in golf); to serve (in tennis etc)
6	发挥	fāhuī	动	to perform; to bring into play
7	球场	qiúchǎng	名	court
8	喝倒彩	hèdàocǎi	动	to boo
9	文明	wénmíng	形	civilized; polite
10	走动	zǒudòng	动	to walk around
11	观众	guānzhòng	名	audience
12	游泳馆	yóuyǒngguǎn	名	indoor pool
13	赛场	sàichǎng	名	arena
14	国旗	guóqí	名	national flag
15	国歌	guógē	名	national anthem

16	脱帽	tuōmào	动	to take off one's hat
17	起立	qǐlì	动	to stand up
18	入场	rùchǎng	动	to enter the court
19	失误	shīwù	名/动	mistake; to make a mistake
20	啦啦队	lālāduì	名	cheering team
21	口号牌	kǒuhàopái	名	sign with slogan
22	横幅	héngfú	名	banner

Èr Sàishì Fúwù
二、赛事 服务

UNIT 2 GAME SERVICE

Dì-wǔ Kè Shísù Jiāotōng
第五课 食宿 交通
Lesson 5 Accommodation and Transportation

1. Bǐsài zhōngyú jiéshù le, wǒ dōu èhuài le, tīngshuō tǐyùchǎng fùjìn de měishíchéng búcuò, wǒmen qù kànkan ba.
   比赛终于结束了,我都饿坏了,听说体育场附近的美食城不错,我们去看看吧。

   The match is finally over. I'm starving. I heard the food court near the stadium is good. Let's check it out.

2. Wǒ míngtiān xiàwǔ yǒu bǐsài, qǐng wèi wǒ ānpái qīngdàn diǎnr de wǔcān.
   我明天下午有比赛,请为我安排清淡点儿的午餐。

   I have a competition tomorrow afternoon. Please serve me a light lunch.

3. Cānjiā zhè cì yuèyě jǐnbiāosài de xuǎnshǒu dōu bèi ānpái zhùzài Hǎitiān Bīnguǎn.
   参加这次越野锦标赛的选手都被安排住在海天宾馆。

The players in this cross-country championship are to live in Haitian Hotel.

Wǒ míngtiān yào zǎoqǐ kàn bǐsài, qǐng liù diǎn wèi wǒ jiàozǎo.

4. 我明天要早起看比赛,请6点为我叫早。

I need to get up early tomorrow to watch the game. Please give me a wake-up call at 6 am.

Wǒ xiǎng wèn yíxià, nǎge jiǔdiàn jiāotōng fāngbiàn, yòu lí bǐsài de tǐyùguǎn bǐjiào jìn ne?

5. 我想问一下,哪个酒店交通方便,又离比赛的体育馆比较近呢?

I want to ask which hotel has convenient transportation and is nearest to the stadium holding the games.

Wǒ kànle yí xiàwǔ bǐsài, xiǎng fàngsōng yíxià, bīnguǎn li yǒu méiyǒu sāngná huòzhě ànmó fúwù?

6. 我看了一下午比赛,想放松一下,宾馆里有没有桑拿或者按摩服务?

I've already watched games the whole afternoon. I want to relax now. Are there any sauna or massage services in this hotel?

Nín hǎo! Wǒ xiǎng yùdìng yí gè dānrénjiān, liǎng gè biāozhǔnjiān, míngtiān rùzhù.

7. 您好!我想预订一个单人间,两个标准间,明天入住。

Hello! I want to book a single room and two standard rooms for check-in tomorrow.

Wǒmen zhù de bīnguǎn lí tǐyùguǎn hěn jìn, míngtiān zǒulù guòqù

8. 我们住的宾馆离体育馆很近,明天走路过去

jiù xíng le.
就行了。

Our hotel is very close to the gym. We could walk there tomorrow.

9. *Nǐ hǎo, wǒ shì lái kàn bǐsài de, qǐngwèn tíngchēchǎng zài nǎli?*
你好,我是来看比赛的,请问停车场在哪里?

Hello. I'm here for the games. Would you please tell me where the parking lot is?

10. *Wǒ xiǎng zuò bā sān líng lù gōngjiāochē qù tǐyùguǎn, qǐngwèn zhànpái zài nǎli?*
我想坐 830 路公交车去体育馆,请问站牌在哪里?

I'd like to take No. 830 bus to the indoor stadium. May I ask where the bus stop is?

11. *Qǐngwèn nǐmen bīnguǎn yǒu méiyǒu jiànshēn de dìfang?*
A: 请问你们宾馆有没有健身的地方?

Do you have an exercise room in your hotel?

Yǒu de, bīnguǎn sān lóu yǒu yí gè wēnshuǐ yóuyǒngchí, sì lóu shì jiànshēnfáng.
B1: 有的,宾馆三楼有一个温水游泳池,四楼是健身房。

Yes. There is a warm-water swimming pool on the third floor and a gym on the fourth floor.

Bù hǎoyìsi, wǒmen bīnguǎn li méiyǒu. Dàn fùjìn yǒu gè wǎngqiúchǎng, nín kěyǐ qù nàli.
B2: 不好意思,我们宾馆里没有。但附近有个网球场,您可以去那里。

Sorry, we don't. But there is a tennis court nearby. You can go there.

12. A: Nín hǎo! Qǐngwèn qù tǐyùguǎn zěnme zǒu? Yuǎn ma?
您好！请问去体育馆怎么走？远吗？

Hello. Would you please tell me how to go to the stadium? Is it far away?

B1: Kěyǐ xiān zuò èrshíwǔ lù gōngjiāochē, zài huànchéng dìtiě sìhàoxiàn, zài Tǐyùguǎn Zhàn xiàchē.
可以先坐25路公交车，再换乘地铁4号线，在体育馆站下车。

You can take the No. 25 bus first, then transfer to Line 4 underground and get off at the station of the stadium.

B2: Tǐng yuǎn de, dǎchē dehuà dàgài sìshí fēnzhōng, érqiě xiànzài shì gāofēngqī, kěnéng huì dǔchē.
挺远的，打车的话大概40分钟，而且现在是高峰期，可能会堵车。

It's pretty far. If you take a taxi, it will take you around 40 minutes to get there. Also, it's rush hour now, you may be stuck in traffic.

词语 Vocabulary

序号	词语	拼音	词性	翻译
1	美食城	měishíchéng	名	food court
2	清淡	qīngdàn	形	light
3	越野	yuèyě	动	cross-country
4	叫早	jiàozǎo	动	morning call

5	放松	fàngsōng	动	to relax
6	桑拿	sāngná	名	sauna
7	按摩	ànmó	动	to massage
8	单人间	dānrénjiān	名	single room
9	标准间	biāozhǔnjiān	名	standard room
10	停车场	tíngchēchǎng	名	parking lot
11	路(公交车)	lù(gōngjiāochē)	名	line; route (of bus)
12	公交车	gōngjiāochē	名	bus
13	站牌	zhànpái	名	bus stop plate
14	健身	jiànshēn	动	to exercise
15	游泳池	yóuyǒngchí	名	swimming pool
16	健身房	jiànshēnfáng	名	gym
17	网球场	wǎngqiúchǎng	名	tennis court
18	换乘	huànchéng	动	to transfer
19	地铁	dìtiě	名	subway
20	打车	dǎchē	动	to take a taxi
21	高峰期	gāofēngqī	名	rush hour
22	堵车	dǔchē	动	traffic jam

Dì-liù Kè Zhìyuànzhě Fúwù

第六课　志愿者　服务

Lesson 6 Voluntary Service

1. Shìjiè yóuyǒng jǐnbiāosài zài zhāomù zhìyuànzhě ne, wǒmen yìqǐ
世界 游泳 锦标赛 在 招募 志愿者 呢，我们 一起

bàomíng ba.
报名 吧。

The World Swimming Championships Final is now recruiting volunteers. Let's sign up for it.

2. *Dàyùnhuì zhìyuànzhě bàomíng yǐjīng kāishǐ le, nǐ bú shì xiǎng cānjiā ma? Kuài qù guānfāng wǎngzhàn shang shēnqǐng ba.*
大运会 志愿者 报名 已经 开始 了，你 不 是 想 参加 吗？快 去 官方 网站 上 申请 吧。

Volunteer registration for the World Universiade has already begun. Do you want to attend? Go apply on the official website.

3. *Wǒmen zhìyuànzhě péixùn kāishǐ le, dàjiā dōu bèi ānpái zhùzài zhǐdìng de dìfang, jiēshòu yí gè xīngqī de zhuānmén péixùn.*
我们 志愿者 培训 开始 了，大家 都 被 安排 住 在 指定 的 地方，接受 一 个 星期 的 专门 培训。

Our volunteer training has begun. All the volunteers have been arranged to live at designated places and receive a one-week special training.

4. *Nàxiē chuān lǜsè yùndòngfú de rén jiù shì zhìyuànzhě, yǒu shénme xūyào kěyǐ xiàng tāmen qiúzhù.*
那些 穿 绿色 运动服 的 人 就 是 志愿者，有 什么 需要 可以 向 他们 求助。

Those who are wearing green sports clothes are volunteers. You can ask them for help if necessary.

5. *Qǐngwèn cóng tǐyùguǎn qù Hǎitiān Bīnguǎn yīnggāi zuò shénme chē?*
请问 从 体育馆 去 海天 宾馆 应该 坐 什么 车？

Excuse me, what bus should I take from the gymnasium to Haitian Hotel?

6. 这位日本观众好像遇到困难了,我不会日语,赶快找个会日语的志愿者来帮忙!

This Japanese spectator seems to be having difficulties. I can't speak Japanese. Please find a Japanese-speaking volunteer to help him right now!

7. 请问离比赛场馆最近的出租车扬招点在哪里呀?

Excuse me, where is the nearest place to catch a taxi heading to the competition venues?

8. 那里有个志愿者,我们去问问他怎么走吧,他一定比我们清楚。

There is a volunteer. Let's go ask him about the way to go. He must know better than us.

9. 这些志愿者真细心,一直提醒我们保管好自己的随身物品。

These volunteers are very considerate. They always remind us to take care of our belongings.

10. 各位观众,请在志愿者的引导下入场,不要拥挤。

Ladies and gentlemen, please enter the stadium under the guidance of volunteers. Don't push.

11. A: 我的钱包忘在球场了，里面有护照，该怎么办呢？
<small>Wǒ de qiánbāo wàngzài qiúchǎng le, lǐmiàn yǒu hùzhào, gāi zěnme bàn ne?</small>

I left my wallet at the court. Even worse, my passport is in it. What can I do?

B1: 您先去失物招领处登记，如果我们找到了，马上和您联系。
<small>Nín xiān qù shīwù zhāolǐng chù dēngjì, rúguǒ wǒmen zhǎodào le, mǎshàng hé nín liánxì.</small>

You can register at the Lost and Found office. If we find it, we will contact you.

B2: 您的钱包什么样子的？我们刚刚捡到一个，不知道是不是您的。
<small>Nín de qiánbāo shénme yàngzi de? Wǒmen gānggāng jiǎndào yí gè, bù zhīdao shì bú shì nín de.</small>

What does your wallet look like? I have just found one. I don't know whether it is yours or not.

12. A: 我的小孩儿走丢了，请问广播站在哪里？
<small>Wǒ de xiǎoháir zǒudiū le, qǐngwèn guǎngbōzhàn zài nǎli?</small>

I've lost my child. Where is the public announcement station?

B1: 广播站离这儿有点儿远，还是我带您去吧。
<small>Guǎngbōzhàn lí zhèr yǒudiǎnr yuǎn, háishi wǒ dài nín qù ba.</small>

It is a bit far from here. Let me show you the way.

Wǎng qián zǒu, zuǒzhuǎn, dì-yī gè fángjiān jiù shì le.
B2: 往前走，左转，第一个房间就是了。

Go straight ahead and turn left. The first room you see is the public announcement station.

词语　Vocabulary

序号	词语	拼音	词性	翻译
1	志愿者	zhìyuànzhě	名	volunteer
2	招募	zhāomù	动	to recruit
3	报名	bàomíng	动	to enter for
4	大运会	Dàyùnhuì	名	Universiade
5	申请	shēnqǐng	动	to apply
6	培训	péixùn	动	to train
7	运动服	yùndòngfú	名	sports clothes
8	求助	qiúzhù	动	to ask sb. for help
9	出租车	chūzūchē	名	taxi
10	扬招点	yángzhāodiǎn	名	taxi stand
11	随身物品	suíshēn wùpǐn		belongings
12	引导	yǐndǎo	动	to guide
13	失物招领处	shīwù zhāolǐngchù		Lost and Found
14	登记	dēngjì	动	to register
15	广播站	guǎngbōzhàn	名	broadcasting station; P. A. station

Sān Tǐyùmí
三、体育迷

UNIT 3 SPORTS FANS

Dì-qī Kè Lāladuì
第七课 啦啦队
Lesson 7 Cheerleaders

1. Nǐ zhīdao ma? Wǒmen xuéxiào yào zǔjiàn yí gè zúqiú lāladuì, wǒmen qù bàomíng ba!
   你知道吗？我们学校要组建一个足球啦啦队，我们去报名吧！

   Do you know that our school will organize a football cheerleading team? Let's sign up for it!

2. Dōu zhème wǎnle lāladuì hái zài xuéxiào páiliàn, zhēn xīnkǔ a.
   都这么晚了啦啦队还在学校排练，真辛苦啊。

   It's really hard for cheerleaders to rehearse because they are in school so late.

3. Wǒ jīntiān yídìng yào qù kàn bǐsài, gěi Zhōngguó duì dāng lāladuì.
   我今天一定要去看比赛，给中国队当啦啦队。

   I will go to see the match today and cheer for the Chinese team.

4. Lāladuì duìyuánmen yì chūxiàn, jiù lìkè chéngwéile quánchǎng
   啦啦队队员们一出现，就立刻成为了全场

zhǔmù de jiāodiǎn.
瞩目 的 焦点。

As soon as cheerleaders appear, they immediately become the focus of the audience's attention.

5. *Suīrán tiānqì yánrè, kěshì lālāduì réngrán zài chǎngbiān wèi chángpǎo yùndòngyuán jiāyóu zhùwēi.*
虽然天气 炎热,可是啦啦队仍然在 场边 为 长跑 运动员 加油 助威。

The cheerleaders are still cheering and supporting the long-distance runners despite the hot weather.

6. *Lālāduì zhēn guǎnyòng, tāmen yì chūxiàn, qiúyuánmen jiù shìqì dàzēng.*
啦啦队 真 管用,他们 一 出现,球员们 就 士气 大增。

Cheerleaders are very useful. As soon as they appear, players' morale is boosted.

7. *Yùndòngyuán de jīngshen gǎnrǎnle xiànchǎng guānzhòng, dàjiā zìdòng zǔchéng lālāduì wèi tāmen jiāyóu.*
运动员 的 精神 感染了 现场 观众,大家 自动 组成 啦啦队为 他们加油。

The audience are infected by the spirit of the athletes, so we join together to cheer for the athletes.

8. *Lālāduìyuánmen xiào qǐlái zhēn měi, wèi sàichǎng zēngtiānle huānxiào, huóyuèle bǐsài de qìfēn.*
啦啦队员们 笑起来 真 美,为 赛场 增添了 欢笑, 活跃了 比赛的 气氛。

Cheerleaders' beautiful smiles added happiness to the game and revitalized the atmosphere of the competition.

9. 除了紧张精彩的篮球比赛，那些活力四射的篮球宝贝们也是一大看点。

Besides the intense and exciting basketball game, those pumped-up cheerleaders are another sight to see.

10. 我们啦啦队的口号是："中国加油，奥运加油！"

Our teams slogan is, "Go China, Go Olympics!"

11. A: 我们学校的足球宝贝太棒了，不愧是一流的啦啦队。

The football cheerleaders in our school are excellent. They are indeed first class cheerleaders.

B1: 是啊，她们可都是百里挑一的。

Exactly, every one of them is one in a million.

B2: 你还没有见过另外一组队员呢，更棒。

You haven't seen another team yet. They are much better.

12. A: 我们啦啦队的队服好几年没换了，今年

huàn gè xīn yàngzi ba?
换个新样子吧？

We haven't changed our cheerleader uniform for many years. Shall we have it replaced?

B1: Hǎo de, míngtiān dàjiā jùzài yìqǐ shāngliang yíxià huàn shénme kuǎnshì.
好的，明天大家聚在一起商量一下换什么款式。

Okay. We will gather together and discuss about the new style tomorrow.

B2: Háishì búyàole ba, zhè tào fúzhuāng shì wǒmen de chuántǒng, yīnggāi bǎoliú.
还是不要了吧，这套服装是我们的传统，应该保留。

I don't think so. This set of clothes is our tradition. We should keep it.

● 词语　Vocabulary

序号	词语	拼音	词性	翻译
1	体育迷	tǐyùmí	名	sports fan
2	组建	zǔjiàn	动	to organize
3	排练	páiliàn	动	to rehearse
4	全场	quán chǎng		the whole audience
5	瞩目	zhǔmù	动	to focus one's attention upon
6	焦点	jiāodiǎn	名	focus
7	助威	zhùwēi	动	to cheer; to boost the morale

8	士气	shìqì	名	morale
9	感染	gǎnrǎn	动	to move; to infect
10	活跃	huóyuè	动	to vitalize
11	活力四射	huólì sìshè		vigorous
12	看点	kàndiǎn	名	sight to see
13	口号	kǒuhào	名	slogan
14	一流	yīliú	形	first-class
15	百里挑一	bǎilǐ-tiāoyī		one in a million
16	队服	duìfú	名	team uniform
17	款式	kuǎnshì	名	style

Dì-bā Kè　Jìniànpǐn

第八课　纪念品

Lesson 8　Souvenirs

1. Zhè cì lái kàn bǐsài, qīnpéng-hǎoyǒu dōu jiào wǒ dài xiē jìniànpǐn huíqù, nǐ zhīdao zài nǎli néng mǎidào ma?
这次来看比赛，亲朋好友都叫我带些纪念品回去，你知道在哪里能买到吗？

My friends asked me to bring them some souvenirs from this competition. Do you know where can I buy them?

2. Fúwá de shèjì zhēn shì tài yǒu chuàngyì le, búdàn wàixíng kě'ài, hái tǐxiànle Àoyùn Wǔhuán de yùyì ne!
福娃的设计真是太有创意了，不但外形可爱，还体现了奥运五环的寓意呢！

Fuwa's design was not only cute and creative, but also embodies the symbol of the Olympic Rings.

3. Běijīng Àoyùnhuì jìniàn yóupiào yì fāxíng dàjiā jiù fēngkuáng qiǎnggòu, wǒ tuōle péngyou dōu méi mǎidào.
北京奥运会纪念邮票一发行大家就疯狂抢购，我托了朋友都没买到。

As soon as the commemorative stamps were issued, many people lined up for them. Even when I asked my friend to buy a set of stamps for me, I still didn't get them.

4. Zuìhòu yí gè xiànliàng qiānmíng lánqiú yǐjīng bèi rén mǎizǒu le, zhēn yùmèn!
最后一个限量签名篮球已经被人买走了，真郁闷！

The last of the limited edition signed basketballs was sold out. What bad luck!

5. Àoyùnhuì jìniànbì hěn yǒu tóuzī jiàzhí, wǒ juéde zhídé shōucáng.
奥运会纪念币很有投资价值，我觉得值得收藏。

The Olympic commemorative coins are of great investment value. I think they are worth collecting.

6. Wǒ kě shì Bāxī Duì de tiěgǎnr qiúmí, Bāxī Duì de duìfú kěndìng děi mǎi a!
我可是巴西队的铁杆儿球迷，巴西队的队服肯定得买啊！

I'm a huge fan of the Brazilian team. I will surely buy the Brazilian team uniform.

7. Zhè tào lánqiú míngxīng de kǎtōng wán'ǒu tài yǒu yìsi le, jiù
这套篮球明星的卡通玩偶太有意思了，就

lián wǒ zhèyàng bú shì qiúmí de rén dōu xiǎng mǎi yí tào le.
连我这样不是球迷的人都想买一套了。

This set of cartoon toys made according to the appearance of basketball stars is so interesting. I want to buy a set of them even though I'm not a fan of basketball.

8. Zhè zhǒng shuǐjīng zhìzuò de mínǐ Niǎocháo fēicháng jīngměi, shēnshòu gùkè de xǐ'ài.
这种水晶制作的迷你鸟巢非常精美,深受顾客的喜爱。

This mini crystal Bird's Nest is so nice; it has been warmly welcomed by customers.

9. Jìniànzhāng shì wǒmen diàn li zuì rèxiāo de shāngpǐn, nǐ rúguǒ xiǎng mǎi jìniànpǐn, wǒ tuījiàn nǐ mǎi yí tào.
纪念章是我们店里最热销的商品,你如果想买纪念品,我推荐你买一套。

Badges sell best in our store. If you want to buy a souvenir, I would recommend you buy a set of badges.

10. Zhāngyú Bǎoluó de wán'ǒu zài Nánfēi Shìjièbēi qījiān shòudào qiúmí de dàlì zhuīpěng.
章鱼保罗的玩偶在南非世界杯期间受到球迷的大力追捧。

The toy of Octopus Paul was warmly received by football fans during the 2010 FIFA World Cup in South Africa.

11. Dàyùnhuì de jíxiángwù shì shénme, nǐ zhīdao ma?
A: 大运会的吉祥物是什么,你知道吗?

Do you know what the mascot of the World Universiade is?

B1: 已经有十个方案入围，但是好像还没有最终确定。
Yǐjīng yǒu shí gè fāng'àn rùwéi, dànshì hǎoxiàng hái méiyǒu zuìzhōng quèdìng.

The finalists consist of ten designs, but the Organization Committee hasn't made the final decision on which one will be the mascot.

B2: 是一张笑脸，名字叫"UU"，很可爱，等做成纪念品，一定得买一个。
Shì yì zhāng xiàoliǎn, míngzi jiào "UU", hěn kě'ài, děng zuòchéng jìniànpǐn, yídìng děi mǎi yí gè.

It's a smiling face called "UU". It's very lovely. I will buy one once the mascot is made into a souvenir.

12. A: 我想买些奥运会纪念品带给家人，你有没有什么建议啊？
Wǒ xiǎng mǎi xiē Àoyùnhuì jìniànpǐn dàigěi jiārén, nǐ yǒu méiyǒu shénme jiànyì a?

I want to buy some Olympic souvenirs for my family. Could you give me some advice?

B1: 有吉祥物图案的书包非常可爱，孩子们一定会喜欢的。
Yǒu jíxiángwù tú'àn de shūbāo fēicháng kě'ài, háizimen yídìng huì xǐhuan de.

The bags with the pictures of mascots on them are very lovely. I'm sure children will like them.

B2: <ruby>你<rt>Nǐ</rt></ruby> <ruby>可以<rt>kěyǐ</rt></ruby> <ruby>去<rt>qù</rt></ruby> <ruby>纪念品<rt>jìniànpǐn</rt></ruby> <ruby>商店<rt>shāngdiàn</rt></ruby> <ruby>看看<rt>kànkan</rt></ruby>，<ruby>说不定<rt>shuōbudìng</rt></ruby> <ruby>营业员<rt>yíngyèyuán</rt></ruby> <ruby>能<rt>néng</rt></ruby> <ruby>给<rt>gěi</rt></ruby> <ruby>你<rt>nǐ</rt></ruby> <ruby>一些<rt>yìxiē</rt></ruby> <ruby>建议<rt>jiànyì</rt></ruby>。

You can go to a souvenir shop and have a look. Maybe shopping assistants will give you some advice.

● 词语　Vocabulary

序号	词语	拼音	词性	翻译
1	纪念品	jìniànpǐn	名	souvenir
2	福娃	Fúwá	名	Fuwa
3	设计	shèjì	名	design
4	创意	chuàngyì	名	originality
5	奥运五环	Àoyùn Wǔhuán		the Olympic Rings
6	寓意	yùyì	名	profound meaning
7	邮票	yóupiào	名	stamp
8	发行	fāxíng	动	to issue
9	抢购	qiǎnggòu	动	to rush to purchase
10	限量	xiànliàng	动	to limit the quantity
11	纪念币	jìniànbì	名	commemorative coins
12	投资	tóuzī	动/名	to invest; investment
13	收藏	shōucáng	动	to collect
14	铁杆儿	tiěgǎnr	名	super (fan)
15	明星	míngxīng	名	star
16	卡通	kǎtōng	名	cartoon

17	玩偶	wán'ǒu	名	doll
18	鸟巢	Niǎocháo	名	Bird's Nest
19	纪念章	jìniànzhāng	名	badge
20	热销	rèxiāo	动	to sell well
21	吉祥物	jíxiángwù	名	mascot
22	入围	rùwéi	动	to be a candidate

Dì-jiǔ Kè　Zhuīxīngzú

第九课　追星族

Lesson 9　Fans

1. _{Liú Xiáng zuìjìn　dānrènle　Shànghǎi de chéngshì xíngxiàng dàiyánrén,}
刘翔 最近 担任了 上海 的 城市 形象 代言人,
_{hái pāile chéngshì xuānchuánpiān ne.}
还拍了 城市 宣传片 呢。

   Recently, Liu Xiang has served as spokesman for the city of Shanghai and acted in the city promotional videos.

2. _{Wǒ shì nín de chāojí fěnsī, néng gěi wǒ qiān gè míng ma?}
我 是 您 的 超级 粉丝,能 给 我 签个 名 吗?

   I'm your biggest fan. Can I get your autograph?

3. _{Nǐ de qiú dǎ de tài bàng le, wǒ néng gēn nǐ hé gè yǐng ma?}
你 的 球 打得太棒 了,我 能 跟 你 合个 影 吗?

   You play very well. Can I take a photo with you?

4. _{Tīngshuō hěn duō nǚshēng dōu shì chòngzhe Bèikèhànmǔ cái kàn}
听说 很多 女生 都是 冲着 贝克汉姆 才 看

世界杯的。

I heard that many girls watch the World Cup because of David Beckham.

5. 我收集了很多NBA球星的海报，你要是喜欢的话，我送你一张。

I have collected many posters of NBA stars. I'll give you one if you like.

6. 我们成立了一个粉丝团去比赛现场加油，你要加入吗？

We have formed a fan group to cheer at the games. Would you like to join us?

7. 今天我看到科比的时候，激动得连话都说不出来了。

I was too excited to speak when I saw Kobe Bryant today.

8. 国家队胜利回国，一下飞机就被等待接机的粉丝团团围住。

The national team returned in triumph. As soon as they got off the plane, they were completely surrounded by their fans meeting at the airport.

9. 有个球迷在比赛过程中竟然激动得冲进球场,实在太疯狂了!

One sports fan was so excited that he rushed onto the field during the match. It was so crazy.

10. 这场比赛有我最喜欢的球员,票价再贵也值得。

My favorite player is in this match. It's worth buying a ticket no matter how expensive it is.

11. A: 如果你喜欢的体育明星代言某个产品,你会买吗?

If a sports star you like has been the spokesman of a product, would you buy it?

B1: 应该会吧,毕竟要支持一下自己的偶像嘛。

Maybe. I will support my idol after all.

B2: 我还是要看产品的质量怎么样。

I'll look at the quality of the product, rather.

12. A: 明天下午罗纳尔多要和球队的其他巨星

liàngxiàng Zhōngguó, wǒmen yìqǐ qù kàn bǐsài ba.

亮相 中国，我们一起去看比赛吧。

Ronaldo along with other football stars from his team will debut in China tomorrow afternoon. Let's go watch the match.

Tài hǎo le, zhǐyào yǒu Luónà'ěrduō de bǐsài wǒ dōu

B1: 太好了，只要有罗纳尔多的比赛我都
bú huì cuòguò.
不会错过。

Great. I would never miss any of Ronaldo's games.

Wǒ kě bú shì zhuīxīngzú, gèng hékuàng míngtiān xiàwǔ

B2: 我可不是追星族，更何况明天下午
wǒ hái yǒu ge huì yào kāi.
我还有个会要开。

I'm not a fan. Moreover, I have a meeting tomorrow afternoon.

● 词语　**Vocabulary**

序号	词语	拼音	词性	翻译
1	追星族	zhuīxīngzú	名	fan
2	代言人	dàiyánrén	名	spokesperson
3	宣传片	xuānchuánpiān	名	propaganda film
4	粉丝	fěnsī	名	fan
5	签名	qiānmíng	动	to sign up
6	合影	héyǐng	动	to take a photo with
7	收集	shōují	动	to collect

8	球星	qiúxīng	名	football/basketball star
9	海报	hǎibào	名	poster
10	粉丝团	fěnsītuán	名	fan group
11	接机	jiējī	动	to meet at the airport
12	球员	qiúyuán	名	player
13	代言	dàiyán	动	to be the spokesperson for
14	偶像	ǒuxiàng	名	idol
15	巨星	jùxīng	名	superstar
16	亮相	liàngxiàng	动	to appear; to debut

Sì　Gòumǎi　Tǐyù　Yòngpǐn
四、购买 体育 用品

UNIT 4 BUYING SPORTING GOODS

Dì-shí Kè　Gòumǎi Yùndòng Fúzhuāng
第 十 课　购买　运动　服装
Lesson 10 Buying Sports Wear

1. Tǐyù　yòngpǐn de zhuāngguì zài wǔ lóu,　wǒmen dào qiánmian qù　zuò diàntī ba.
体育用品 的 专柜 在 五楼，我们 到 前面 去 坐 电梯吧。

The sporting goods counter is on the fifth floor. Let's go forward and take an elevator.

2. Wǒ xiǎng xiān shì　yíxià zhè jiàn　yùndòngfú, qǐngwèn shìyījiān zài nǎr?
我 想 先 试 一下 这 件 运动服，请问 试衣间 在 哪儿？

I'd like to try on this sports wear. Where is the fitting room?

3. Fúwùyuán,　zhè jiàn zhōnghào de yóuyǒngyī　tài jǐn le,　néng bāng wǒ ná yí jiàn dàhào de shìshi ma?
服务员，这件 中号 的 游泳衣 太紧了，能 帮 我 拿一件 大号 的 试试 吗？

Excuse me, this medium swimsuit is too tight. Could you give me a large one?

4. 这件骑马装挺舒服的，也很显身材，就要这件了。

This riding equipment is very comfortable and shows off my figure. I must buy this one.

5. 这条网球裙的样式我挺喜欢的，但是颜色不太适合我。

I like the style of this tennis skirt, but its color doesn't suit me.

6. 这双篮球鞋鞋跟的缓冲设计很好，打球时穿能保护膝盖。

This pair of basketball shoes has a well designed cushion on the heel. It can protect your knees when you play basketball.

7. 你可以买副半指手套，骑自行车的时候就不怕手心出汗打滑了。

You can buy a pair of fingerless gloves. Therefore, you won't worry about your sweaty hands and skidding when you ride a bicycle.

8. 这是我们最新款的登山服，是快干面料

de, hěn shìhé hùwài yùndòng.
的，很适合户外运动。

This is the latest climbing wear. It is made of a quick-drying fabric and it is very suitable for outdoor activities.

Zhè kuǎn yújiāfú dǎguo zhé shì èrbǎi jiǔshíjiǔ yuán, nín shì fù xiànjīn háishì shuākǎ?

9. 这款瑜伽服打过折是 299 元，您是付现金还是刷卡？

This yoga wear's discounted price is 299 yuan. Will you pay by cash or card?

Rúguǒ nín zài wǒmen diàn li gòumǎi de tǐyù yòngpǐn chūxiàn zhìliàng wèntí, kě zài qī tiān zhīnèi píng fāpiào tuìhuàn.

10. 如果您在我们店里购买的体育用品出现质量问题，可在7天之内凭发票退换。

If you experience any quality problems with the sporting goods you buy in our store, you can exchange it for a new one or get a refund with your receipt in seven days.

Nín hǎo! Wǒmen diàn zhèngzài zuò huódòng, mǎi yī sòng yī, mǎi yújiāfú sòng yújiādiàn.

11. A: 您好！我们店正在做活动，买一送一，买瑜伽服送瑜伽垫。

Hello, our store is having a sale. Buy one get one free. If you buy yoga wear, you'll get a yoga mat.

Ó? Suíbiàn nǎ yì kuǎn yīfu dōu kěyǐ ma?

B1: 哦？随便哪一款衣服都可以吗？

Really? Anyone is okay?

B2: _{Wǒ yǐjīng yǒu diànzi le,} 我已经有垫子了，_{rúguǒ bú yào yújiādiàn,} 如果不要瑜伽垫，_{yīfu néng dǎzhé ma?} 衣服能打折吗？

I already have a yoga mat. If I don't want the yoga mat, can you give me a discount on the clothes?

12. A: 下周就要学搏击操了，我想买件彩色的紧身运动服。

I will learn kickboxing next week. I want to buy tight, colorful sports wear.

B1: 我也想买，跳操的时候穿肯定很帅！

So do I. We certainly look very cool in tight sports wear when we do gymnastics.

B2: 跳搏击操的话，一定要买吸汗、透气的。

If you practice kickboxing, you should buy breathable sports wear which can absorb sweat.

● 词语　**Vocabulary**

序号	词语	拼音	词性	翻译
1	体育用品	tǐyù yòngpǐn	名	sports goods
2	专柜	zhuānguì	名	counter
3	试衣间	shìyījiān	名	fitting room
4	中号	zhōnghào	形	medium-sized

5	游泳衣	yóuyǒngyī	名	swim suit
6	大号	dàhào	形	large-sized
7	骑马装	qímǎzhuāng	名	riding custom
8	身材	shēncái	名	figure
9	网球裙	wǎngqiúqún	名	tennis skirt
10	样式	yàngshì	名	style
11	篮球鞋	lánqiúxié	名	basketball shoes
12	鞋跟	xiégēn	名	heel
13	缓冲	huǎnchōng	动	to cushion
14	膝盖	xīgài	名	knee
15	半指手套	bànzhǐ shǒutào		fingerless gloves
16	打滑	dǎhuá	动	to skid
17	登山服	dēngshānfú	名	climbing wear
18	快干面料	kuàigān miànliào		quick-drying fabric
19	户外运动	hùwài yùndòng		outdoor activities
20	瑜伽服	yújiāfú	名	yoga wear
21	打折	dǎzhé	动	to give a discount
22	发票	fāpiào	名	receipt
23	瑜伽垫	yújiādiàn	名	yoga mat
24	搏击操	bójīcāo	名	kickboxing
25	紧身	jǐnshēn	形	tight
26	吸汗	xīhàn	动	to absorb sweat
27	透气	tòuqì	动	breathable

Dì-shíyī Kè　Gòumǎi Yùndòng Qìcái
第十一课　购买　运动　器材
Lesson 11 Buying Sports Equipment

1. *Wǒmen xuéxiào fùjìn yǒu yí gè tǐyù yòngpǐn shāngdiàn, nǎ tiān qù kànkan ba.*
   我们学校附近有一个体育用品商店，哪天去看看吧。

   There is a sporting goods store near our school. Let's go and have a look some day.

2. *Rúguǒ nǐ juéde zhuānmàidiàn de tàbùjī tài guì, kěyǐ zài wǎngshàng kànkan, zuìhǎo zài qíjiàndiàn mǎi, xìnyù bǐjiào hǎo.*
   如果你觉得专卖店的踏步机太贵，可以在网上看看，最好在旗舰店买，信誉比较好。

   If the stair machine are too expensive in the brand shop, you can shop online. You should choose from some flagship stores which have a good reputation.

3. *Zhè jiā diàn de yǒngjìng zhìliàng bú tài hǎo, xìngjiàbǐ hěn dī, zánmen háishi huàn yì jiā kànkan ba.*
   这家店的泳镜质量不太好，性价比很低，咱们还是换一家看看吧。

   The swimming goggles in this shop are of poor quality and bad value. Let's go to another one.

4. *Dàpǐnpái de tǐyù qìcái suīrán guì xiē, dànshì zhìliàng yǒu bǎozhèng, hěn nàiyòng.*
   大品牌的体育器材虽然贵些，但是质量有保证，很耐用。

   Though sports equipments from famous brands are

expensive, they are very durable and ensure a good quality.

5. 我给爸妈买了台跑步机，但是老人家用不惯，就一直放在家里不用了。

I bought my parents a treadmill, but they don't use it. Therefore, the treadmill sat there useless at home.

6. 我觉得我的手臂太粗了，应该买个哑铃练练了。

I think my arms are too big. I should buy a dumbbell and practice.

7. 我的台球教练建议我买一支自己的球杆，你觉得哪个牌子的好用啊？

My billiards coach suggested that I should buy my own cue. Which brand do you think is better?

8. 如果你要买跳舞毯在家里健身，一定要买表面防滑的。

If you want to buy a dancing mat and exercise at home, you must buy one which has a non-slip surface.

9. Wǒ yào mǎi èrshí tiáo tiàoshéng, shùliàng bǐjiào dà, néng piányi diǎnr ma?

我要买20条跳绳，数量比较大，能便宜点儿吗?

I want to buy 20 jump ropes. It's a large quantity, can you offer me a discount?

10. Mǎi yùndòng qìcái bù néng guāng tú piányi, zhìliàng bù hégé kěnéng huì duì yùndòngzhě de shēntǐ zàochéng shānghài.

买运动器材不能光图便宜，质量不合格可能会对运动者的身体造成伤害。

Don't buy cheap sports equipment. Sports equipment of poor quality is harmful to people.

11. Lǎobǎn, zhège qiúpāi tài guì le ba?

A1: 老板，这个球拍太贵了吧?

Excuse me, this bat is too expensive.

Zhè shì míngpái qiúpāi, yǐjīng shì tèjià le.

B1: 这是名牌球拍，已经是特价了。

It's a famous-brand bat. This is a bargain price.

Rúguǒ nǐ yào dehuà, kěyǐ piányi diǎnr.

B2: 如果你要的话，可以便宜点儿。

If you want it, I will give you a cheaper price.

12. Qù tǐyù yòngpǐn shāngdiàn mǎi dōngxi kěyǐ huánjià ma?

A1: 去体育用品商店买东西可以还价吗?

Can I bargain at the sporting goods store?

Rúguǒ bú shì zhuānmàidiàn, yìbān shì kěyǐ de.

B1: 如果不是专卖店，一般是可以的。

Generally, you can bargain at any store except the brand shops.

B2: 不可以吧,都是明码标价的。
Bù kěyǐ ba, dōu shì míngmǎ biāojià de.

Maybe not. There are price tags on each item.

● 词语　Vocabulary

序号	词语	拼音	词性	翻译
1	器材	qìcái	名	equipment
2	专卖店	zhuānmàidiàn	名	brand shop
3	踏步机	tàbùjī	名	stair machine
4	旗舰店	qíjiàndiàn	名	flagship store
5	信誉	xìnyù	名	reputation
6	泳镜	yǒngjìng	名	goggles
7	性价比	xìngjiàbǐ	名	value for money
8	大品牌	dà pǐnpái		famous brand
9	耐用	nàiyòng	形	durable
10	跑步机	pǎobùjī	名	treadmill
11	手臂	shǒubì	名	arm
12	哑铃	yǎlíng	名	dumb-bell
13	教练	jiàoliàn	名	coach
14	球杆	qiúgān	名	cue
15	跳舞毯	tiàowǔtǎn	名	dancing mat
16	防滑	fánghuá	动	non-slip
17	跳绳	tiàoshéng	名	jump rope

18	球拍	qiúpāi	名	bat
19	特价	tèjià	名	special/bargain price
20	还价	huánjià	动	to bargain
21	明码标价	míngmǎ biāojià		have tags on

五、加入健身俱乐部
UNIT 5 JOINING THE FITNESS CLUB

第十二课　咨询　了解
Lesson 12 Asking for and Getting Information

1. 附近有一家很好的健身俱乐部，健身房、更衣室、浴室等设施都不错。

   There is a nice fitness club nearby. The gym, changing rooms, public showers, and other facilities are all amazing.

2. 这家健身中心虽然近，但有点儿小，连用器材都要排队。

   This fitness center is close by, but a little small. People even need to line up for the equipment.

3. 我们健身会所有开放式的泳池，所以价格会高一点儿。

   Our gym has an open-air swimming pool, so the

price is a little high.

4. 你们的特色课程大球操听起来很不错，怎么收费呢？

Your featured stability ball lessons sounds pretty good. What's the price?

5. 您可以先用我们的体验券尝试一下，各类项目都是免费的。

You can use this coupon to try it first. All the items are free.

6. 我们俱乐部从早上九点半一直开到晚上十点，随时欢迎您的光临。

Our club is open from 9 am to 10 pm. You are welcome anytime between those hours.

7. 我想了解一下你们的课程安排，能不能给我一份课表？

I would like more information about your class details. Could you give me a schedule?

8. 瑜伽和有氧健身操，哪个瘦身效果更好？

Which is better for losing weight: yoga or aerobics exercise?

9. Wǒ xiǎng liàn fùjī, yǒu méiyǒu shénme shìhé wǒ de jiànshēn fāngfǎ?
我想练腹肌,有没有什么适合我的健身方法?

I want to work my abs. What are some exercises suitable for me?

10. Wǒmen jiànshēnfáng de yùndòng qìcái yǒu gànglíng、wòtuīchuáng、fùjībǎn děng, zhǒnglèi hěn duō.
我们健身房的运动器材有杠铃、卧推床、腹肌板等,种类很多。

We have a variety of equipment at our gym, including barbells, weight benches, ab benches, and so on.

11. A: Zhè zhènzi wǒ tǐzhì chàle hěn duō, zhǔnbèi qù jiànshēnfáng duànliàn duànliàn.
这阵子我体质差了很多,准备去健身房锻炼锻炼。

My physical state has worsened recently. I am going to work out at the gym.

B1: Hǎo shì hǎo, dàn nǐ nàme máng, kěnéng hěn nán jǐchū shíjiān.
好是好,但你那么忙,可能很难挤出时间。

That sounds good, but you're so busy. It's hard to find time to go.

B2: Hǎo zhǔyi, yàoshi néng yǒu jiàoliàn zhǐdǎo yíxià jiù gèng hǎo le.
好主意,要是能有教练指导一下就更好了。

Good idea! It will be better if you have a physical trainer to guide you.

12. A: Bānjiā hòu wǒ hǎojiǔ dōu méi duànliàn le, zhōuwéi yǒu méiyǒu bǐjiào hǎo de jiànshēn zhōngxīn?
搬家后我好久都没锻炼了,周围有没有比较好的健身中心?

I haven't exercised in a long time after moving. Is there any good fitness center around?

B1: Nǐ kěyǐ xiān qù zīxún yíxià, zuìhǎo duō kàn jǐ jiā, yīnwèi měi jiā de tèsè kèchéng dōu bù yíyàng.
你可以先去咨询一下,最好多看几家,因为每家的特色课程都不一样。

You can go and check it out. You should also visit several of them since every one has different featured lessons.

B2: Hǎitiān Jiǔdiàn li de jiànshēnfáng búcuò, nàr de qìcái qíquán, érqiě huánjìng yě búcuò.
海天酒店里的健身房不错,那儿的器材齐全,而且环境也不错。

The gym in the Haitian Hotel is pretty good. It has a full set of equipment and wonderful surroundings.

● 词语　Vocabulary

序号	词语	拼音	词性	翻译
1	咨询	zīxún	动	to consult
2	更衣室	gēngyīshì	名	changing room

3	浴室	yùshì	名	shower room
4	会所	huìsuǒ	名	club house
5	开放式	kāifàngshì	形	open-air
6	大球操	dàqiúcāo	名	fitness ball
7	体验券	tǐyànquàn	名	coupon
8	项目	xiàngmù	名	item
9	课程	kèchéng	名	lesson
10	课表	kèbiǎo	名	timetable
11	有氧	yǒuyǎng	形	aerobics
12	健身操	jiànshēncāo	名	exercise
13	瘦身	shòushēn	动	to lose weight
14	腹肌	fùjī	名	abs
15	杠铃	gànglíng	名	barbell
16	卧推床	wòtuīchuáng	名	weight bench
17	腹肌板	fùjībǎn	名	ab bench
18	体质	tǐzhì	名	physical state
19	锻炼	duànliàn	动	to work out

Dì-shísān Kè   Bàn Kǎ Zhuǎn Kǎ
第十三课 办卡 转卡
Lesson 13 Applying for and Transferring Memberships

1. Wǒ tīngshuō nǐmen zhèr zài gǎo huódòng, bàn niánkǎ dǎ bā zhé, shì zhèyàng ma?
我听说你们这儿在搞活动,办年卡打八折,是这样吗?

I heard that there was a promotion here. If I apply for the year card, I could get 20% off, right?

Wǒ xiǎng xiān bàn zhāng yuèkǎ shìshi kàn, rúguǒ gǎnjué búcuò zài xù kǎ.

2. 我想先办张月卡试试看,如果感觉不错再续卡。

I'd like to try the month card first. If I am satisfied with it, I'll renew it.

Rúguǒ nín bàn niánkǎ dehuà, wǒmen kěyǐ miǎnfèi wèi nín tígōng máojīn hé chǔwùxiāng.

3. 如果您办年卡的话,我们可以免费为您提供毛巾和储物箱。

If you apply for the year card, we will provide you free towels and a locker.

Wǒ zhǐ xiǎng zuò xiē qìxiè xùnliàn, yǒu méiyǒu zhuānmén de kǎ?

4. 我只想做些器械训练,有没有专门的卡?

I just want to exercise on the equipment. Is there any specific card for that?

Wǒ bàn de shì jìkǎ, néng shàng xīnkāi de yǒuyǎng lādīngkè ma?

5. 我办的是季卡,能上新开的有氧拉丁课吗?

I have a three-month pass. Can I join the new aerobic Latin dance class?

Wǒmen huì wèi jiànshēncāo xuéyuán hé yújiā xuéyuán zhìdìng bùtóng de jiànshēn jìhuà, nín xūyào bàn nǎ zhǒng kèchéng de jiànshēnkǎ ne?

6. 我们会为健身操学员和瑜伽学员制定不同的健身计划,您需要办哪种课程的健身卡呢?

We design different fitness plans for aerobics and

7. Rúguǒ nín bàn kǎ dehuà, wǒmen huì wèi nín jiàn yí fèn jiànshēn dàng'àn, yǐbiàn nín suíshí liǎojiě zìjǐ de jiànshēn xiàoguǒ.
如果您办卡的话，我们会为您建一份健身档案，以便您随时了解自己的健身效果。

If you apply for a card, we'll provide you a chart to track your progress.

8. Wǒ zài nǐmen zhèr bànle zhāng niánkǎ, dàn gōngsī ānpái wǒ xiàbànnián chūchāi, nǐ kàn néng bù néng bǎ wǒ de niánkǎ yánqī bànnián huòzhě tuìkuǎn?
我在你们这儿办了张年卡，但公司安排我下半年出差，你看能不能把我的年卡延期半年或者退款？

I have a year card, but I'll be on a business trip for the next six months. Could I defer it or get a refund?

9. Zhè shì wǒmen jùlèbù gè fēndiàn de dìzhǐ, huìyuánkǎ zài suǒyǒu fēndiàn dōu néng shǐyòng.
这是我们俱乐部各分店的地址，会员卡在所有分店都能使用。

This is the addresses of our club's chain stores. The membership card can be used at any one.

10. Bàn jiànshēnkǎ qián yídìng yào kànqīng xiéyì shang de měi xiàng tiáokuǎn, xiàng bǎoxiǎn、fèiyong míngxì shénme de.
办健身卡前一定要看清协议上的每项条款，像保险、费用明细什么的。

Check every item, such as the insurance fee and other details, on the agreement form before applying for the fitness card.

11. A: 你好,我昨天在网上看见了你的帖子,你是不是想转让健身卡?

Hello, I saw your post online yesterday. Do you want to transfer ownership of your fitness card?

B1: 是的,我的年卡还有7个月才到期。

Yes. My yearly card will expire in 7 months.

B2: 不好意思,我已经转让出去了。

Sorry, I already transferred it.

12. A: 我想在这家健身俱乐部办张卡,你觉得这儿怎么样?

I want to apply for a membership at this fitness club. What do you think?

B1: 我觉得挺好的,每天下了班都会来这儿锻炼。

That's great! I come here to work out everyday after work.

B2: 我也是第一次来,觉得还不错,设备很齐全。

This is my first time here, but I feel pretty good and they have a full set of equiptment.

● 词语　**Vocabulary**

序号	词语	拼音	词性	翻译
1	办卡	bàn kǎ		to apply for a membership
2	转卡	zhuǎnkǎ		to transfer a membership
3	年卡	niánkǎ	名	year card
4	月卡	yuèkǎ	名	month card
5	续卡	xù kǎ		to renew a card
6	储物箱	chǔwùxiāng	名	storage box
7	器械	qìxiè	名	equipment
8	季卡	jìkǎ	名	quarterly card
9	拉丁	lādīng	名	Latin (dance)
10	档案	dàng'àn	名	document
11	延期	yánqī	动	to defer
12	退款	tuìkuǎn	动	to refund
13	分店	fēndiàn	名	chain (store)
14	会员卡	huìyuánkǎ	名	membership card
15	协议	xiéyì	名	agreement
16	条款	tiáokuǎn	名	item
17	保险	bǎoxiǎn	名	insurance
18	费用	fèiyong	名	fee; cost
19	明细	míngxì	名	detail
20	到期	dàoqī	动	to expire
21	设备	shèbèi	名	facility

Dì-shísì Kè Jiànshēn
第十四课 健身
Lesson 14 Workout

1. Wǒ měi tiān dōu qù jiànshēn, jiù shì wèile duànliàn shǒubì shang de jīròu.
   我每天都去健身，就是为了锻炼手臂上的肌肉。

   I go to the gym every day to work out my arm muscles.

2. Nǐ néng gàosu wǒ zhè tái tuǒyuánjī zěnme yòng ma?
   你能告诉我这台椭圆机怎么用吗？

   Could you tell me how to use the elliptical machine?

3. Wǒ jiānchí qù jiànshēn jùlèbù tiào juéshìwǔ, měi tiān dōu gǎnjué hěn yǒu jīngshen.
   我坚持去健身俱乐部跳爵士舞，每天都感觉很有精神。

   I insist on going to the fitness center for jazz dancing which makes me feel refreshed everyday.

4. Wǒ xiān bāng nǐ zhìdìng liǎng zhōu de duànliàn jìhuà, nǐ shìshi kàn.
   我先帮你制订两周的锻炼计划，你试试看。

   I'll design a two-week exercise plan for you first. You could try it out.

5. Wǒ cānjiā de jiànshēn jùlèbù hái jiāole wǒmen yí tào bàngōngshì jiànshēncāo, tā kěyǐ huǎnjiě gōngzuò píláo.
   我参加的健身俱乐部还教了我们一套办公室健身操，它可以缓解工作疲劳。

The club I joined also taught us office-setting exercises, which can relieve our fatigue.

6. 如果想通过运动来减肥,建议您选择有氧运动,像慢跑、骑自行车之类的。

If you want to lose weight via exercise, I recommend you choose aerobics, such as jogging and biking.

7. 我的健身教练说,减肥一定要把有氧运动和合理饮食结合起来,这样效果才会明显,对身体也好。

My physical trainer says if people want to lose weight, they should combine aerobics and a proper diet. That way, it's more effective and healthy.

8. 你可以找个教练咨询一下,他会给你一些比较专业的建议。

You could find a physical trainer to consult with. He will give you some professional advice.

9. 你第一次来健身,用器材前先看一下上面的使用说明吧。

This is your first time working out here. Please see

the instruction on the equipment on how to use it first.

10. _{Xiàgèyuè yǒu méiyǒu xīn de kèchéng a? Wǒ de dùpíwǔkè}
下个月有没有新的课程啊？我的肚皮舞课
_{kuài jiéshù le.}
快结束了。

Are there any new classes next month? My belly dancing class is ending soon.

11. A: _{Jiàoliàn, wǒ de tuǐ chōujīn le!}
教练，我的腿抽筋了！

Coach, my leg is cramping!

B1: _{Nǐ zuò rèshēn yùndòng le ma? Měi cì jiànshēn qián, dōu}
你做热身运动了吗？每次健身前，都
_{yīnggāi xiān zuò xiē shēnzhǎn yùndòng.}
应该先做些伸展运动。

Have you done any warm-up exercises yet? Every time before working out, you should do some stretches first.

B2: _{Nǐ de yùndòngliàng tài dà le, wǒ lái bāng nǐ ànmó}
你的运动量太大了，我来帮你按摩
_{yíxià.}
一下。

You have been exercising for too long. Let me help you massage it.

12. A: _{Wǒ zhè liǎng tiān jiānbǎng yǒudiǎnr suān, yǒu shénme fāngfǎ}
我这两天肩膀有点儿酸，有什么方法
_{kěyǐ huǎnjiě yíxià?}
可以缓解一下？

I feel a little sore in my shoulder these days. Is there any way to relieve it?

B1: 我最近天天去健身房锻炼,效果很好,你可以去试试看。
_{Wǒ zuìjìn tiāntiān qù jiànshēnfáng duànliàn, xiàoguǒ hěn hǎo, nǐ kěyǐ qù shìshi kàn.}

Recently, I have been going to the gym everyday. You should try it; since it works great.

B2: 我根据你的情况,稍微修改一下我们的健身计划,应该会有帮助。
_{Wǒ gēnjù nǐ de qíngkuàng, shāowēi xiūgǎi yíxià wǒmen de jiànshēn jìhuà, yīnggāi huì yǒu bāngzhù.}

Based on your situation, I'll modify our fitness plan. It should help.

● 词语 Vocabulary

序号	词语	拼音	词性	翻译
1	肌肉	jīròu	名	muscle
2	椭圆机	tuǒyuánjī	名	elliptical trainer
3	爵士舞	juéshìwǔ	名	jazz dancing
4	缓解	huǎnjiě	动	to relieve
5	疲劳	píláo	形	fatigued
6	减肥	jiǎnféi	动	to lose weight
7	慢跑	mànpǎo	动	to jog
8	饮食	yǐnshí	名	diet
9	结合	jiéhé	动	to combine

10	说明	shuōmíng	名	instruction
11	肚皮舞	dùpíwǔ	名	belly dancing
12	腿	tuǐ	名	leg
13	抽筋	chōujīn	动	to cramp
14	热身	rèshēn	动	to warm up
15	伸展	shēnzhǎn	动	to stretch
16	运动量	yùndòngliàng	名	exercise amount
17	酸	suān	形	sore

六、球类 项目
UNIT 6 BALL GAMES

第十五课 足球
Lesson 15 Football

1. 整场比赛,梅西居然零射门,太不可思议了!

   Messi didn't take any shots in the whole game. Incredible!

2. 哈!守门员真酷,一个侧扑就把球托出了底线。

   Wow! The goalkeeper is so cool. He deflected the ball out of the field.

3. 你知道吗,罚任意球的时候,足球和"人墙"之间的距离应该是 9.15 米。

   Do you know that during the free kick, the distance between the soccer ball and the human barricade should be 9.15 meters?

4. *Nàge qiánfēng yě tài hútu le, jūrán zài xiàbànchǎng bǎ qiú shèjìnle zìjǐ de qiúmén.*
   那个前锋也太糊涂了,居然在下半场把球射进了自己的球门。

   That forward was too confused. He even scored into his own goal in the second half.

5. *Zuótiān nà chǎng qiú nǐ kànle ma? Kǎkǎ dàiqiú zhōnglù tūpò, huǎngguòle yì míng hòuwèi, yì jiǎo bǎ qiú tījìnle qiúmén!*
   昨天那场球你看了吗?卡卡带球中路突破,晃过了一名后卫,一脚把球踢进了球门!

   Did you watch the game yesterday? Kaka sprinted down the middle, dribbled past a fullback, and scored the goal.

6. *Kàn! Luónà'ěrduō yào dàiqiú guòrén le!*
   看!罗纳尔多要带球过人了!

   Look! Ronaldo is going to break through!

7. *Hǎo ge piàoliang de xiāngjiāoqiú! Fǎguó Duì bǎ bǐfēn bǎnpíng le!*
   好个漂亮的香蕉球!法国队把比分扳平了!

   What a beautiful banana kick! The French have leveled the score!

8. *Zhège shǒuményuán jiǎnzhí shì "ménshén" a, shéi dōu gōng bú jìn tā shǒu de qiúmén!*
   这个守门员简直是"门神"啊,谁都攻不进他守的球门!

   This goalkeeper is like a guardian. No one can kick the ball into his goal!

9. *Zhè chǎng zúqiú bǐsài tōngguò jiāshísài cái fēnchū shèngfù, zuìhòu*
   这场足球比赛通过加时赛才分出胜负,最后

Bāxī Duì nàge piàoliang de diǎnqiú shì juéshèng de guānjiàn.
巴西队那个漂亮的点球是决胜的关键。

This soccer match ended after overtime. At last, that nice penalty kick from Brazil was the key.

Bù hǎo! Tā luòrùle duìshǒu shèjì de yuèwèi xiànjǐng.
10. 不好! 他落入了对手设计的越位陷阱。

Oh no! He fell into the offside trap.

Gānggāng nàge qiú tài kěxī le, shí hào qiúyuán bǎ qiú dàirù jìnqū zhǔnbèi shèmén de shíhou bèi duìfāng bàndǎo le!
11. A: 刚刚那个球太可惜了,10号球员把球带入禁区准备射门的时候被对方绊倒了!

What a pity! When number 10 dribbled to the penalty area, he was brought down by an opponent as he was going to shoot.

Shì a, tài guòfèn le! Duìfāng qiúyuán tī de zhēn cūlǔ.
B1: 是啊,太过分了! 对方球员踢得真粗鲁。

Yes, the player is too rough and rude!

Cáipàn jūrán méiyǒu bǎ fànguī qiúyuán hóngpái fáxià, zhǐ gěile huángpái jǐnggào, zhēn shì hēishào!
B2: 裁判居然没有把犯规球员红牌罚下,只给了黄牌警告,真是黑哨!

The referee didn't even give a red card to dismiss the player who broke the rules but just a yellow card as a warning. What a bad call!

Nǐ shuō jīntiān Hélán Duì wèi shénme huì yī bǐ sān shūgěi Éluósī Duì?
12. A: 你说今天荷兰队为什么会1:3输给俄罗斯队?

What do you think is the reason Holland lost the match against Russia by 1 to 3 today?

B1: 主要是因为俄罗斯队充分发挥了他们快速进攻的威力。

It's mainly because Russia scored early.

B2: 唉，今天荷兰队队员都跑不起来，全队状态不佳。

Ah, Holland didn't play well today. Their game was off.

● 词语　Vocabulary

序号	词语	拼音	词性	翻译
1	球类	qiúlèi	名	ball sports
2	射门	shèmén	动	to shoot at the goal
3	守门员	shǒuményuán	名	goalkeeper
4	侧扑	cèpū	动	to deflect
5	底线	dǐxiàn	名	goal line
6	罚	fá	动	to fine; to punish
7	任意球	rènyìqiú	名	free kick
8	人墙	rénqiáng	名	human barricade
9	前锋	qiánfēng	名	forward
10	下半场	xiàbànchǎng	名	second half

11	球门	qiúmén	名	goal
12	带球	dàiqiú	动	to dribble
13	中路	zhōnglù	名	middle
14	突破	tūpò	动	to break through
15	后卫	hòuwèi	名	fullback
16	过人	guòrén	动	to break through
17	香蕉球	xiāngjiāoqiú	名	banana shot
18	比分	bǐfēn	名	score
19	扳平	bānpíng	动	to level
20	加时赛	jiāshísài	名	over time
21	点球	diǎnqiú	名	penalty kick
22	对手	duìshǒu	名	opponent
23	越位	yuèwèi	动	offside
24	禁区	jìnqū	名	penalty area
25	裁判	cáipàn	名	referee
26	犯规	fànguī	动	to break the rule
27	红牌	hóngpái	名	red card
28	黄牌	huángpái	名	yellow card
29	黑哨	hēishào	名	bad call
30	进攻	jìngōng	动	to attack

Dì-shíliù Kè　Lánqiú
第十六课　篮球
Lesson 16 Basketball

1. *Zhè chǎng lánqiú bǐsài liǎng duì shìjūn-lìdí, kěndìng dà yǒu kàntou.*
   这场篮球比赛两队势均力敌，肯定大有看头。

   This basketball game is a tight one. It's going to be great.

2. *Mǎkè qiǎngdào lánbǎn le, piàoliang de kòulán!*
   马克抢到篮板了，漂亮的扣篮！

   Mark grabbed the rebound and executed a nice slammed dunk.

3. *Kàn! Yáo Míng yùnqiú tūpò, jiēzhe yí gè fēikòu, hǎo qiú!*
   看！姚明运球突破，接着一个飞扣，好球！

   Look! Yao Ming dribbles, breaks through, and dunks. Nice basket!

4. *Dì-èr jié liǎng duì mìngzhònglǜ dōu hěn gāo, kànlái jīntiān kěndìng néng tūpò yìbǎi fēn dàguān.*
   第二节两队命中率都很高，看来今天肯定能突破100分大关。

   In the second part, both teams had a high shooting percentage. It seems like they will score over 100 points.

5. *Yáo Míng yào tóulán le! Āiyā, bèi Àoní'ěr gàimào le!*
   姚明要投篮了！哎呀，被奥尼尔盖帽了！

   Yao Ming is going to shoot! Oh no, he is blocked by

O'Neal!

6. _{Ā'ěrsītōng qiǎngduàn, fēikuài de yùnqiú dào qiánchǎng... A!}
   阿尔斯通 抢断，飞快地运球到 前场……啊！
   _{Cáipàn chuīshào, shíjiān dào, zhōngchǎng xiūxi le!}
   裁判 吹哨，时间到，中场 休息了！

Alston steals and dribbles quickly to the front court. Oh! The referee whistled for a time out. It is half time.

7. _{Bǐsài jìnrùdào báirèhuà jiēduàn, Màidí yí gè chángjùlí}
   比赛进入到白热化 阶段，麦迪一个长距离
   _{sānfēnqiú niǔzhuǎnle zhànjú.}
   三分球 扭转了战局。

When the game came down to the wire, Tracy McGrady shot a long-distance three-pointer and turned the game around.

8. _{Tā dǎqiú jiǎdòngzuò fēicháng duō, gēnběn cāi bù zháo tā xià yí}
   他打球假动作 非常多，根本猜不着他下一
   _{bù huì zěnme zuò.}
   步会 怎么做。

He performs fakes a lot so it's impossible to guess what he will do next.

9. _{Yàobúshì tā yǎnhù fànguī, bèi fá xiàchǎng, zuìhòu yě bù}
   要不是 他 掩护 犯规，被罚下场，最后也不
   _{yídìng huì shūdiào bǐsài}
   一定会 输掉 比赛。

If he hadn't committed a scree foul and been fouled out of the game, we would still have a chance to win.

10. 这几场他受伤缺赛,真希望他能快点儿回到球场。

He missed a few games due to his injury. Hopefully he'll come back soon!

11. A: 你觉得今天小林的表现怎么样?

What do you think of Xiao Lin's performance today?

B1: 还可以,进球虽然多,但犯规也不少。

It's okay. Although he attacked a lot, he also committed some fouls.

B2: 我觉得他已经表现出自己的水平了,在场上积极助攻。

I think he had already showed his skills and assisted actively.

12. A: 你觉得NBA比赛好看吗?

Do you enjoy watching NBA games?

B1: 如今的NBA没什么看头,要是乔丹还在役的话多好啊。

NBA is boring nowadays. If only Jordan was still playing.

Dāngrán hǎokàn la! Quán shìjiè de lánqiú dǐngjiān gāoshǒu
B2: 当然好看啦!全世界的篮球顶尖高手
dōu zài NBA dǎqiú.
都在NBA打球。

Of course! All the top basketball players in the world are playing in the NBA.

词语　Vocabulary

序号	词语	拼音	词性	翻译
1	势均力敌	shìjūn-lìdí		well-matched in strength
2	看头	kàntou	名	sth. worth seeing or reading
3	篮板(球)	lánbǎn (qiú)	名	rebound
4	扣篮	kòulán	动	to slam dunk
5	运球	yùnqiú	动	to dribble
6	飞扣	fēikòu	动	to dunk
7	命中率	mìngzhònglǜ	名	shooting percentage
8	投篮	tóulán	动	to shoot at the basket
9	盖帽	gàimào	动	to block
10	抢断	qiǎngduàn	动	to steal
11	吹哨	chuīshào	动	to whistle
12	中场休息	zhōngchǎng xiūxi		half time
13	白热化	báirèhuà	动	to heat up

14	三分球	sānfēnqiú	名	three-pointer
15	战局	zhànjú	名	war situation
16	假动作	jiǎdòngzuò	名	fake
17	掩护	yǎnhù	动	to cover
18	缺赛	quēsài	动	to miss a game
19	助攻	zhùgōng	动	to assist
20	在役	zàiyì	动	to be on service
21	顶尖	dǐngjiān	形	top
22	高手	gāoshǒu	名	top player

Dì-shíqī Kè　Páiqiú

第十七课　排球

Lesson 17 Volleyball

1. Duìfāng de zhǔgōngshǒu bùjǐn kòuqiú yǒulì, érqiě tántiàolì xiāngdāng hǎo, zhè xià yùdào duìshǒu le.

对方的主攻手不仅扣球有力，而且弹跳力相当好，这下遇到对手了。

The rival hitter not only spikes hard but also has a tremendous vertical. This time we match.

2. Zhǔchǎng zuòzhàn dàodǐ shì yǒulì, Éluósī Duì suīrán kāijú búlì, dàn zuìhòu háishi yíng le.

主场作战到底是有利，俄罗斯队虽然开局不利，但最后还是赢了。

It's beneficial to play on the home court. Although Russia had a rocky start, they won in the end.

3. *Gāngcái nàge duǎn-píng-kuài kòuqiú zhēn jīngcǎi, èrchuánshǒu tài lìhai le!*
刚才那个 短平快 扣球真精彩,二传手太厉害了!

What a good quick spike from a flat short set! The setter is so wonderful.

4. *Xiàmian jiāohuàn fāqiúquán, lúndào Gǔbā Duì fāqiú.*
下面 交换 发球权,轮到 古巴队 发球。

Now switch the service. Cuba's turn.

5. *Tā de qǐqiúlǜ quánduì zuì gāo, huòdé "zuì yǒu jiàzhí qiúyuán" chēnghào, dāngzhī-wúkuì.*
他的起球率全队 最高,获得"最有价值球员"称号,当之无愧。

His ball rate is the highest in the team. He deserves the title of "MVP".

6. *Zhōu Sūhóng kuàisù jìngōng, duìfāng lánwǎng chūjiè, bǐsài jìnrùle dì-yī cì jìshù zàntíng.*
周苏红快速进攻,对方拦网 出界,比赛进入了第一次 技术暂停。

Zhou Suhong attacks fast and the opponent blockes the ball out. The game is technical timeout for the first time.

7. *Zhōngguó Duì yǒuxiào lánwǎng, dànshì diànqiú chūjiè, zhège shīwù tài kěxī le!*
中国 队有效拦网,但是 垫球出界,这个 失误太可惜了!

China blocks effectively, but the set up is out. What a pity!

8. *Zhōngguó Duì chóngzǔ hòu, zhènróng ràng rén yǎnqián yí liàng.*
   中国队重组后，阵容让人眼前一亮。

   After the reorganization of the Chinese team, the new lineup is very impressive.

9. *Zhōngguó Nǚ-Pái yào xùnsù ràng zìjǐ jìnrù zhuàngtài, tóurùdào Yà-Jǐn Sài de bèizhàn zhōng.*
   中国女排要迅速让自己进入状态，投入到亚锦赛的备战中。

   The Chinese Women's Volleyball Team need to get into the groove quickly and prepare for the Asian Championships.

10. *Zhōngguó Duì zhuāzhùle jīhuì, zǔzhī qiánggōng, náxiàle běn jú de júdiǎn.*
    中国队抓住了机会，组织强攻，拿下了本局的局点。

    China seized the opportunity, rallied, and got the winning game point.

11. *Běn jú Bāxī Duì yǐ èrshíwǔ bǐ èrshísān xiǎnshèng, bǐsài jìnrù juéshèngjú.*
    A: 本局巴西队以 25：23 险胜，比赛进入决胜局。

    Brazil won narrowly by 25 to 23 and entered the final set.

    Bāxī Duì shìtou hěn měng a, kànlái duóguàn shìzài-bìdé!
    B1: 巴西队势头很猛啊，看来夺冠势在必得！

    Brazil looks determined to take the crown.

    Gāngcái Éluósī Duì huànshàng lǎojiàng le, shéi shū shéi
    B2: 刚才俄罗斯队换上老将了，谁输谁

yíng hái bù yídìng ne!
赢还不一定呢!

Russia just substituted some veterans in. No one knows how this will affect the game.

Zhè chǎng bǐsài tài jǐnzhāng le, zhēn jiàorén chuǎn bú guò qì lái!
12. A: 这场比赛太紧张了,真叫人喘不过气来!

This match is so intense. I can't even breathe.

Shì a, bǐfēn jiāotì shàngshēng, yǎo de hěn jǐn!
B1: 是啊,比分交替上升,咬得很紧!

Yeah, the score went back and forth, there was only a narrow gap.

Shuāngfāng shílì xiāngdāng, bú dào zuìhòu yí kè dōu jué bù fàngqì, zhēn ràng rén qīnpèi.
B2: 双方实力相当,不到最后一刻都绝不放弃,真让人钦佩。

The two teams matched and didn't give up until the last second. This is admirable.

● 词语 **Vocabulary**

序号	词语	拼音	词性	翻译
1	排球	páiqiú	名	volleyball
2	主攻手	zhǔgōngshǒu	名	hitter
3	扣球	kòuqiú	动	to spike
4	弹跳力	tántiàolì	名	vertical (hight of a jump)
5	主场	zhǔchǎng	名	home court
6	开局	kāijú	动/名	to start; start

7	短平快	duǎn-píng-kuài		a quick spike from a flat short set
8	二传手	èrchuánshǒu	名	setter
9	发球权	fāqiúquán	名	service
10	起球率	qǐqiúlǜ	名	ball rate
11	当之无愧	dāngzhī-wúkuì		to deserve
12	拦网	lánwǎng	动	to block
13	出界	chūjiè	动	out-of-bounds
14	技术暂停	jìshù zàntíng		technical timeout
15	垫球	diànqiú	动	to set up
16	阵容	zhènróng	名	lineup
17	亚锦赛	Yà-Jǐn Sài	名	the Asian Championship
18	备战	bèizhàn	动	to prepare for war
19	强攻	qiánggōng	动	to storm
20	局点	júdiǎn	名	game point
21	险胜	xiǎnshèng	动	to win narrowly
22	决胜局	juéshèngjú	名	final set
23	夺冠	duóguàn	动	to take the crown
24	老将	lǎojiàng	名	veteran

Dì-shíbā Kè　Wǎngqiú

第 十八 课　网球

Lesson 18 Tennis

　　　　Lǐ Nà kě shì　dì-yī gè　huòdé　dàmǎnguàn dāndǎ guànjūn de
1. 李娜可是 第一个 获得 大满贯 单打 冠军 的

Yàzhōurén ne!
亚洲人呢!

Li Na is the first Asian player to win the Grand Slam singles title.

2. Tā zài dì-sān jú zhōng, jūrán fāqiú liù cì shuāngwù!
他在第三局中,居然发球6次双误!

To everybody's surprise, he served six double faults in the third game.

3. Zuò yì míng wǎngqiú bǐsài de qiútóng kě bù róngyì, dōu děi jīngguò zhuānmén de péixùn.
做一名网球比赛的球童可不容易,都得经过专门的培训。

It is not easy to be a ball boy. It requires special training.

4. Tài bàng le, liǎng cì fāqiú dōu zhíjiē défēn, wǒmen qīngsōng náxiàle shǒupán.
太棒了,两次发球都直接得分,我们轻松拿下了首盘。

Excellent! Two aces! We took the first set with ease.

5. Zhè cì wǎngqiú shuāngdǎ de duìshǒu dōu fēicháng qiáng, yǒu yí duì hái déguo dàmǎnguàn ne.
这次网球双打的对手都非常强,有一对还得过大满贯呢。

We have strong opponents in the doubles match and one of them is a Grand Slam winner.

6. Shālābōwá yòu kuài yòu hěn de qiánggōng, ràng duìshǒu yǒudiǎnr
莎拉波娃又快又狠的强攻,让对手有点儿

zhāojià bú zhù le.
招架不住了。

Maria Sharapova's attack is so quick and strong that the opponent could hardly ward it off.

7. Zěnme huí shì? Nàdá'ěr zhème bǎoshǒu, kāijú liánxù shīwù, bèi duìshǒu jǐ cì pòfā.
怎么回事?纳达尔这么保守,开局连续失误,被对手几次破发。

What's going on? Nadal played so conservatively, made a chain of errors and lost his service several times.

8. Zuìhòu yì jú, Fèidélè qīngsōng bǎofā, liù bǐ yī yíng le!
最后一局,费德勒轻松保发,6:1赢了!

Federer kept his service with ease in the last game and won the match by 6 to 1.

9. Jiē xiàlái sān jú, shuāngfāng dōu náxiàle zìjǐ de fāqiújú.
接下来三局,双方都拿下了自己的发球局。

In the next three games, both of them kept their serves.

10. Kuài kàn! Tā dǎ gāoyāqiú le, kěndìng yòu yào défēn le.
快看!他打高压球了,肯定又要得分了。

Watch out! An overhead smash! He is definitely going to score.

11. Gāngcái cáipàn wèi shénme gěi tā jǐnggào?
A: 刚才裁判为什么给他警告?

Why did the umpire give him a warning?

Yīnwèi tā gānrǎole duìfāng fāqiú.

B1：因为他 干扰了 对方发球。

Because he interrupted his opponent's serve.

Tā duì cáipàn hǒujiào, wéifǎnle bǐsài guīzé.

B2：他对 裁判 吼叫，违反了比赛规则。

He shouted to the umpire and violated the rules.

Nǐ kàn Měi-Wǎng le ma? Lǐ Nà biǎoxiàn de zěnmeyàng?

12. A：你看 美网 了吗？李娜 表现 得怎么样？

Did you watch the U.S. Open? How did Li Na perform?

Lǐ Nà biǎoxiàn bù sú, zhēn búkuì shì Zhōngguó " wǎngtán yījiě ".

B1：李娜 表现 不俗，真 不愧 是 中国 "网坛 一姐"。

Li Na did an excellent job. She lives up to her reputation as the best woman tennis player in China.

Tā yíngle Yìdàlì xuǎnshǒu, dì-yī cì jìnrù Měi-Wǎng bā qiáng.

B2：她赢了意大利 选手，第一次进入 美网 八强。

She defeated an Italian player and went into the final eight.

● 词语　**Vocabulary**

序号	词语	拼音	词性	翻译
1	大满贯	dàmǎnguàn	名	the Grand Slam

2	单打	dāndǎ	名	singles
3	冠军	guànjūn	名	champion
4	双误	shuāngwù	名	double fault
5	球童	qiútóng	名	ball boy/girl
6	得分	défēn	动	to score
7	轻松	qīngsōng	形	easy; relaxed
8	盘	pán	量	set
9	双打	shuāngdǎ	名	doubles
10	招架	zhāojià	动	to ward off
11	保守	bǎoshǒu	形	conservative
12	破发	pòfā	动	to lose one's service
13	保发	bǎofā	动	to keep one's service
14	发球局	fāqiújú	名	serve
15	高压球	gāoyāqiú	名	overhead smash
16	违反	wéifǎn	动	to violate
17	规则	guīzé	名	rule
18	美网	Měi-Wǎng	名	U.S. Open
19	网坛	wǎngtán	名	tennis world
20	八强	bā qiáng		the final eight

Dì-shíjiǔ Kè　Yǔmáoqiú

第十九课　羽毛球

Lesson 19　Badminton

Shàngbànchǎng jiéshù le, tāmen zěnme bù jiāohuàn chǎngdì ne?

1. 上半场 结束了,他们 怎么不交换 场地呢?

Why didn't they change sides at half time?

2. *Xiànzài de yǔmáoqiú bǐsài dōu shíshī èrshíyī fēn zhì de xīn guīzé le.*
现在的羽毛球比赛都实施21分制的新规则了。

Now, a 21-point system has been implemented in all badminton matches.

3. *Piàoliang! Tā de zhège huíjī zhēn shì tài piàoliang le!*
漂亮!他的这个回击真是太漂亮了!

Fabulous! His return was absolutely brilliant!

4. *Wǒ háishi xǐhuan kàn shuāngdǎ, shuāngdǎ bǐ dāndǎ yǒu yìsi duō le.*
我还是喜欢看双打,双打比单打有意思多了。

I still prefer to watch doubles. Doubles matches are more interesting than singles matches.

5. *Zuótiān yì kāijú, Bào Chūnlái jiù shì yí gè jīngcǎi de kòushā.*
昨天一开局,鲍春来就是一个精彩的扣杀。

When the game began, Bao Chunlai performed a wonderful smash.

6. *Tā yìzhí zài dǎ hòuchǎngqiú, xiǎng xúnzhǎo tūpòkǒu.*
他一直在打后场球,想寻找突破口。

He kept putting the ball into the back court, trying to find an opening.

7. *Tā zài zhè yì jú zhōng yǐjīng liǎng cì fāqiú défēn le.*
她在这一局中已经两次发球得分了。

She has served two aces in this game.

8. _{Yuèqǐ、 pīshā、 dǎ xiéxiàn, tā yīliánchuàn de dòngzuò zhēn zhuānyè!}
跃起、劈杀、打斜线，他一连串的动作 真专业！

He jumped, smashed and returned crosscourt. This series of actions was so professional.

9. _{Nǐ bié xīnjí, xué dǎ yǔmáoqiú děi cóng zuì jīběn de gāo-yuǎnqiú kāishǐ.}
你别心急，学打羽毛球得从最基本的高远球开始。

Don't be in a hurry. You should start with the basics high clear when learning badminton.

10. _{Zhèngshǒu huíqiú wǒ bú tài xíng, fǎnshǒu huíqiú wǒ bǐjiào qiáng.}
正手 回球我不太行，反手回球我比较强。

Forehand returns are my weakness while my backhand return is good.

11. _{Tā gāngcái nàge qiú guòwǎng le ma?}
A: 他刚才那个球过网了吗？

Did that ball get across the net?

_{Méi guòwǎng, tài kěxī le!}
B1: 没过网，太可惜了！

No, what a pity!

_{Guò le, shì gè cāwǎngqiú, hěn xìngyùn!}
B2: 过了，是个擦网球，很幸运！

Yes. He was lucky. It was a let.

12. _{Tā nàge duǎn-píngqiú fā de zěnmeyàng?}
A: 他那个 短平球 发得怎么样？

How about his short low service?

B1: Fēicháng jīngcǎi! Bùjǐn fāqiú zīshì guīfàn, érqiě hěn yǒu lìdù.
非常 精彩！不仅发球姿势规范，而且很有力度。

Brilliant! He serves not only with great form but also high intensity.

B2: Zīshì dàoshi búcuò, kěxī lìdù búgòu.
姿势 倒是 不错，可惜力度不够。

The serving form is okay, but lacks strength.

词语　Vocabulary

序号	词语	拼音	词性	翻译
1	上半场	shàngbànchǎng	名	the first half
2	场地	chǎngdì	名	court
3	21分制	èrshíyī fēn zhì		21-point system
4	回击	huíjī	动	to return
5	扣杀	kòushā	动	to smash
6	后场	hòuchǎng	名	back court
7	突破口	tūpòkǒu	名	opening
8	跃起	yuèqǐ	动	to jump
9	劈杀	pīshā	动	to smash
10	斜线	xiéxiàn	名	crosscourt
11	高远球	gāo-yuǎnqiú	名	high clear
12	正手	zhèngshǒu	名	forehand

13	回球	huíqiú	动	to return
14	反手	fǎnshǒu	名	backhand
15	过网	guòwǎng	动	to get across the net
16	擦网	cāwǎng	动	let
17	短平球	duǎn-píngqiú	名	short low service
18	姿势	zīshì	名	posture
19	力度	lìdù	名	strength

Dì-èrshí Kè　Pīngpāngqiú

第二十课　乒乓球

Lesson 20 Table Tennis

1. Wa! Tā zhège qiú pànduàn de zhēn zhǔn, yàoshi wǒ jiù pūkōng le.
哇！他这个球判断得真准，要是我就扑空了。

Oh! His judgement of the ball is so accurate. If I were him, I would miss it.

2. Mǎ Lóng pǎodào fǎnshǒu, zhíjiē tuīle ge zhíxiàn, défēn le.
马龙跑到反手，直接推了个直线，得分了。

Ma Long scored with a backhand down the centre.

3. Qián sān bǎn, Wáng Lìqín de fāhuī fēicháng chūsè. Tā de xiāngchí nénglì yě hěn qiáng.
前三板，王励勤的发挥非常出色。他的相持能力也很强。

Wang Liqin played well during the first three strokes. He has sustained a strong rally.

4. _{Jiǎodù tài dà, Xiǎo Liú láibují jiùqiú, jiǔ bǐ shíyī shūle bǐsài.}
角度太大，小刘来不及救球，9∶11 输了比赛。

The angle was too great for Xiao Liu to save the ball. Finally, he lost the game by 9∶11.

5. _{Bié dānxīn, Dīng Níng yídìng huì quánlì fǎnjī, liánxù défēn de.}
别担心，丁宁一定会全力反击，连续得分的。

Don't worry! Ding Ning will counterattack with all of her might and score continuously.

6. _{Tā zěnme huí shì, tuīqiú yòu shīwù le, ràng duìshǒu nádàole júdiǎn.}
他怎么回事，推球又失误了，让对手拿到了局点。

What's going on? He failed at pushing the ball again and made his rival seize the game.

7. _{Dèng Yàpíng yí gè fǎnshǒu shàngxuán zhíjiē défēn, suíhòu yílù yáoyáo lǐngxiān.}
邓亚萍一个反手上旋直接得分，随后一路遥遥领先。

Deng Yaping scored directly with a backhand with a lot of topspin and was far ahead of others later.

8. _{Cuōqiú shì xuéxí xiāoqiú shí bìxū zhǎngwò de rùmén jìshù, nǐ bié zháojí, mànmàn liàn.}
搓球是学习削球时必须掌握的入门技术，你别着急，慢慢练。

Cutting is a basic technique for chopping. Take it easy and keep practicing slowly.

9. _{Nǐ shuō nán-pīng bā míng xuǎnshǒu shéi néng rùwéi xià yì lún dāndǎ}
你说男乒 8 名选手谁能入围下一轮单打

bǐsài ne?
比赛呢?

Which of the 8 men's table tennis players do you think will advance to the next singles matches?

10. Mǎ Lín búkuì shì Zhōngguó pīngpāngqiú de zhǔlì, duódéle
马琳 不愧 是 中国 乒乓球 的主力,夺得了
shíliù gè shìjiè guànjūn, chuàngzàole jìlù.
16 个 世界 冠军,创造了 纪录。

Ma Lin is indeed one in the best players in Chinese table tennis. He has obtained sixteen world championships and set a record.

11. Jīnnián guójiā pīngpāngqiúduì de cānsài zhènróng gōngbù le ma?
A: 今年 国家 乒乓球队 的 参赛 阵容 公布 了 吗?

Has the competition lineup for national table tennis been announced yet?

Gōngbù le, jīnnián de zhènróng fēicháng qiángdà, wǒ hěn
B1: 公布 了,今年 的 阵容 非常 强大,我 很
qīdài tāmen de biǎoxiàn.
期待 他们 的 表现。

Yes. The lineup is very strong and I am looking forward to their performances.

Hái méi ne, yào děngdào fēngbì xùnliàn jiéshù hòu cái
B2: 还 没 呢,要 等到 封闭 训练 结束 后 才
néng zhīdao.
能 知道。

Not yet. We won't know the lineup until the closed training ends.

12.

A: Nǐ pīngpāng dǎ de zhēn hǎo, jiāojiao wǒ ba!
你乒乓打得真好,教教我吧!

You play table tennis very well. Can you teach me?

B1: Hǎo a, xià cì nǐ yě dàishàng qiúpāi, wǒmen yìqǐ dǎ.
好啊,下次你也带上球拍,我们一起打。

Of course. Bring your paddle next time and we can play together.

B2: Wǒ de jìshù hái bú tài xíng, búguò wǒ kěyǐ jièshào gè péngyou jiāojiao nǐ.
我的技术还不太行,不过我可以介绍个朋友教教你。

I am not good at playing, but I can introduce a friend to teach you.

● 词语　Vocabulary

序号	词语	拼音	词性	翻译
1	扑空	pūkōng	动	to miss
2	板	bǎn	量	stroke
3	相持	xiāngchí	动	to sustain
4	角度	jiǎodù	名	angle
5	救球	jiù qiú		to save the ball
6	反击	fǎnjī	动	to counterattack
7	推球	tuīqiú	动	to push (the ball)
8	上旋	shàngxuán	动	topspin
9	遥遥领先	yáoyáo lǐngxiān		far ahead of others

10	搓球	cuōqiú	动	to cut
11	削球	xiāoqiú	动	to chop
12	入门	rùmén	动	basic
13	男乒	nán-pīng	名	men's table tennis
14	主力	zhǔlì	名	best player
15	纪录	jìlù	名	record
16	封闭训练	fēngbì xùnliàn		closed training

七、田径 项目

UNIT 7 TRACK AND FIELD EVENTS

第二十一课　田赛
Lesson 21 Field Events

1. 跳高名将埃勒博要复出了，你说她能在里约热内卢奥运会上卫冕冠军吗？

   Former high jump champion Hellebaut announced her comeback. Do you think she can defend her championship again in the Rio de Janeiro Summer Olympics?

2. 高抬腿、助跑、加速、起跳，他轻松跃过了横杆。

   Lifting legs up high, run-up, accelerating, and then taking off, he jumped over the bar easily.

3. 你还不知道吧，谢荔梅可是亚洲三级跳远的纪录保持者。

You may not know that Xie Limei is the Asian female triple jump record holder.

4. _{Yīxīnbāyēwá} 伊辛巴耶娃 _{shì wǒ zuì xǐhuan de chēnggāntiào xuǎnshǒu,} 是我最喜欢的撑杆跳 选手，
_{jīnwǎn de bǐsài wǒ yídìng děi kàn.}
今晚的比赛我一定得看。

Yelena Isinbayeva is my favorite pole vaulter. I will definitely watch tonight's match.

5. _{Wǒ xǐhuan yòng cètóu de fāngfǎ zhì tiěbǐng, zhèyàng bǐjiào}
我喜欢用侧投的方法掷铁饼，这样比较
_{róngyì fālì.}
容易发力。

I like using the sidearm motion to throw the discus. It's a very good way to build momentum.

6. _{Qiānqiú yùndòngyuán bìxū zhànzài tóuzhìquān li, tā dōu kuài}
铅球 运动员必须站在投掷圈里，他都快
_{zhàndào wàimian qù le.}
站到外面去了。

A shot put athlete must stand within the throwing circle area. He almost stepped out of the area.

7. _{Qiānqiú bǐsài shí, měi gè yùndòngyuán zuì duō zhǐ néng shìzhì}
铅球比赛时，每个运动员最多只能试掷
_{liǎng cì.}
两次。

In the shot put, each athlete can attempt only two throws.

8. _{Xiǎo Lín zěnme pèngdào fànguīxiàn le, tā zhè yí tiào kěndìng}
小林怎么碰到犯规线了，他这一跳肯定

wúxiào.

无效。

How could Xiao Lin have touched the foul line! This jump certainly won't work.

Xiǎoxīn, bié chāoguò qǐtiàodiǎn, fǒuzé huì bèi qǔxiāo zīgé de.

9. 小心,别超过起跳点,否则会被取消资格的。

Be careful! Don't cross the take-off point, or you will be disqualified.

Wǒ zuì pèifú biāoqiāng yùndòngyuán le, tāmen dānshǒu jiù néng bǎ biāoqiāng cóng jiān shang zhì chūqu.

10. 我最佩服标枪运动员了,他们单手就能把标枪从肩上掷出去。

I really admire javelin athletes, they can throw the javelin from the shoulder with one hand.

Nǐ zhīdao tiánsài fēnwéi nǎxiē xiàngmù ma?

11. A: 你知道田赛分为哪些项目吗?

Do you know which events make up field events?

Dāngrán zhīdao le, zhè shì chángshí. Tiánsài kě fēnwéi tiàoyuè, tóuzhì liǎng lèi.

B1: 当然知道了,这是常识。田赛可分为跳跃、投掷两类。

Sure, it is common sense. Field events can be divided into jumping and throwing events.

Bú shì hěn qīngchu, wǒ yìdiǎnr yùndòng xìbāo dōu méiyǒu, duì tǐyù liǎojiě de bù duō.

B2: 不是很清楚,我一点儿运动细胞都没有,对体育了解得不多。

I have no idea. I am not very athletic and do not know much about sports.

12. A: Nǐ kànguo Liúyìsī tiàoyuǎn ma?
你看过刘易斯跳远吗?

Have you seen Lewis perform the long jump?

B1: Kànguo, tā de zhùpǎo sùdù jīngrén, érqiě cóng méiyǒu cǎixiàn fànguīguo.
看过,他的助跑速度惊人,而且从没有踩线犯规过。

I saw his performance. His speed was amazing, and he never touched the foul line.

B2: Wǒ méiyǒu kànguo, búguò wǒ kěyǐ dào wǎngshàng zhǎo yìxiē tā tiàoyuǎn de shìpín kànkan.
我没有看过,不过我可以到网上找一些他跳远的视频看看。

I have never seen it, however I can find some his jumping videos on the internet.

● 词语　　**Vocabulary**

序号	词语	拼音	词性	翻译
1	田径	tiánjìng	名	track and field events
2	田赛	tiánsài	名	field events
3	跳高	tiàogāo	名	high jump
4	名将	míngjiàng	名	notable player
5	复出	fùchū	动	to comeback
6	卫冕	wèimiǎn	动	to defend one's championship

7	高抬腿	gāotáituǐ	动	to lift legs high
8	助跑	zhùpǎo	动	to run-up
9	加速	jiāsù	动	to accelerate
10	起跳	qǐtiào	动	take-up
11	横杆	hénggān	名	cross-bar
12	跳远	tiàoyuǎn	名	long jump
13	撑杆跳	chēnggāntiào	名	pole vault
14	侧投	cètóu	动	sidearm motion
15	掷	zhì	动	to throw
16	铁饼	tiěbǐng	名	discus
17	发力	fālì	动	to build momentum
18	铅球	qiānqiú	名	shot
19	投掷圈	tóuzhìquān	名	legal throwing area
20	试掷	shìzhì	动	to make a trial put
21	犯规线	fànguīxiàn	名	foul line
22	起跳点	qǐtiàodiǎn	名	take-off point
23	标枪	biāoqiāng	名	javelin
24	跳跃	tiàoyuè	动	to jump
25	速度	sùdù	名	speed
26	踩线	cǎi xiàn		to touch the foul line

Dì-èrshí'èr Kè Jìngsài
第二十二课 径赛
Lesson 22 Track Events

1. _{Xǔduō shìjiè shang dǐngjiān de chángpǎo xuǎnshǒu dōu láizì Kěnníyà.}
   许多世界上顶尖的长跑选手都来自肯尼亚。

   Many of the world's top long distance runners are from Kenya.

2. _{Zài sì chéng sìbǎi mǐ jiēlì zhōng, dì-èr bàng yùndòngyuán yào pǎodào qiǎngdàoxiàn hòu cái kěyǐ zìyóu qiǎngdào.}
   在4×400米接力中，第二棒运动员要跑到抢道线后才可以自由抢道。

   In the 4×400 meter relays, the second leg runners are allowed to leave their own lane after crossing the cutting line.

3. _{Nǐ kě bié xiǎokàn jiēbàng zhège huánjié, quēfá mòqì yě yíngbùliǎo jiēlìsài.}
   你可别小看接棒这个环节，缺乏默契也赢不了接力赛。

   You should not underestimate the baton hand off. A lack of tacit understanding may cause you to lose the race.

4. _{Bàowēi'ěr de bàofālì zhēn hǎo, qǐpǎo shí jiù yǐjīng lǐngxiān le.}
   鲍威尔的爆发力真好，起跑时就已经领先了。

   Powell is very explosive, he grabbed the lead right at the start.

5. 这次跨栏比赛,刘翔虽然起跑不快,但还是打败了竞争对手,第一个冲过了终点。

In this hurdle race, even though Liu Xiang did not run very fast at first, he still passed his opponents and crossed the finish line first.

6. 马拉松选手真辛苦,还好路上每隔几公里就有一个饮料站。

Marathon athletes endure a lot of hardship. Fortunately for them, there is a beverage station located on the road every few kilometers.

7. 障碍赛跑难度很大,每位选手会遇到35个障碍,其中有7个是水池。

Obstacle races are very difficult. Each player will encounter 35 barriers; seven of them are in pools.

8. 赛前他的夺冠呼声很高,没想到最后因为抢跑被取消了比赛资格。

He was highly expected to win the championship. However, he was disqualified because of a false start during the finals.

9. 竞走比赛速度要快,还不能跑起来,真是

tǐng nán de.
挺难的。

Race walking requires a fast pace but you are not allowed to run. It is rather difficult.

10. Kuài zuòxià, fālìngyuán de fālìngqiāng dōu zhǔnbèi hǎo le, bǐsài mǎshàng jiù kāishǐ le.
快坐下，发令员的发令枪都准备好了，比赛马上就开始了。

Sit down soon, the starter has prepared the starting pistol and the game will begin immediately.

11. A: Hái yǒu yí gè yuè jiù yào kāi yùndònghuì le, nǐ bàole shénme xiàngmù?
还有一个月就要开运动会了，你报了什么项目？

There is a month left before the sports event begins. Which events have you signed up for?

B1: Wǒ bàole yìbǎi mǐ hé bābǎi mǐ sàipǎo, zhè shì wǒ de qiángxiàng, qùnián zhè liǎng xiàng hái pòle xuéxiào jìlù ne.
我报了100米和800米赛跑，这是我的强项，去年这两项还破了学校纪录呢。

I signed up for the 100 meters race and 800 meters race—those are my strong points. I broke the school records in these two events last year.

B2: Wǒ huì cānjiā jiēlìpǎo, wǒ xǐhuan kǎoyàn tuánduì xiézuò nénglì de xiàngmù.
我会参加接力跑，我喜欢考验团队协作能力的项目。

I will enter the relay race. I like events that can

test team cooperation.

12. A: _{Nǐ xǐhuan chángpǎo háishi duǎnpǎo?}
你喜欢长跑还是短跑?

Which do you prefer, long-distance running or sprinting?

B1: _{Wǒ xǐhuan chángpǎo, chángpǎo kěyǐ duànliàn wǒ de nàilì.}
我喜欢长跑,长跑可以锻炼我的耐力。

I prefer long-distance running because that can train my endurance.

B2: _{Wǒ gèng xǐhuan duǎnpǎo, kěyǐ búduàn de chāoyuè zìjǐ de sùdù jíxiàn.}
我更喜欢短跑,可以不断地超越自己的速度极限。

I prefer sprinting. I can constantly improve upon my speed limit.

● 词语 **Vocabulary**

序号	词语	拼音	词性	翻译
1	径赛	jìngsài	名	track events
2	长跑	chángpǎo	名	long-distance run
3	接力	jiēlì	名	relay race
4	棒	bàng	名	baton
5	抢道线	qiǎngdàoxiàn	名	cutting line
6	抢道	qiǎngdào	动	to break into the first lane
7	接棒	jiēbàng	动	to hand-off the baton

8	默契	mòqì	名	tacit understanding
9	爆发力	bàofālì	名	explosive force
10	起跑	qǐpǎo	动	to start to run
11	终点	zhōngdiǎn	名	finish line
12	马拉松	mǎlāsōng	名	Marathon
13	障碍赛跑	zhàng'ài sàipǎo		obstacle race
14	难度	nándù	名	difficulty
15	抢跑	qiǎngpǎo	动	to false start
16	竞走	jìngzǒu	名	race walking
17	发令员	fālìngyuán	名	starter
18	发令枪	fālìngqiāng	名	starting pistol
19	强项	qiángxiàng	名	strong point
20	协作	xiézuò	动	to cooperate
21	短跑	duǎnpǎo	名	sprint
22	耐力	nàilì	名	endurance
23	极限	jíxiàn	名	limit

Bā Tǐcāo Xiàngmù
八、体操 项目

UNIT 8 GYMNASTICS

Dì-èrshísān Kè Nánzǐ Tǐcāo
第二十三课 男子 体操
Lesson 23 Men's Gymnastics

1. Kuài kàn! Qībǎi èrshí dù xuánzhuǎn, nà kě shì tā de juéhuór!
   快看！720 度旋转，那可是他的绝活儿！
   Look! 720 degrees of rotation! That's his specialty!

2. Yáng Wēi zài zìyóu tǐcāo bǐsài zhōng biǎoxiàn de wúxiè-kějī.
   杨威在自由体操比赛中表现得无懈可击。
   Yang Wei performed flawlessly in the floor exercise.

3. Wǒ juéde shuānggàng xiàngmù zhōng, tā de dòngzuò wánchéng de zuì dàowèi, xìjié yě chǔlǐ de hěn hǎo.
   我觉得双杠项目中，他的动作完成得最到位，细节也处理得很好。
   I think, in the parallel bars, his moves were very complete and detailed.

4. Tā zhěng tào dòngzuò dōu hěn liúchàng, kěxī xiàfǎ bù wěn, yǐngxiǎngle chéngjī.
   他整套动作都很流畅，可惜下法不稳，影响了成绩。
   All his moves were smooth; unfortunately his

dismount was unstable, affecting his score.

5. 太好了!新的跳马规则出来了,我觉得新规则比较公平。

Great! The new horse-vaulting came out. I feel the new rules are more fair.

6. 在吊环上,某些姿势必须保持静止,这样才能显示运动员的技巧。

In the rings, some positions are required to be held to show off the gymnasts' level of skill.

7. 为了参加吊环项目的校队选拔,我一直在练铁十字和倒立。

In order to participate in the school's ring team, I have been practicing on the iron cross and handstand equipment.

8. 单杠比赛中,可不能有一点儿失误,否则很可能会和金牌失之交臂。

In the horizontal bar, a little mistake will cause one to lose the gold medal.

9. 你刚刚错过了他的招牌动作——空中翻转,

zhēn kěxī.
真可惜。

You just missed his signature move—the aerial flip, what a shame.

Zhítǐ hòukōngfān shì lìliàng yǔ jìqiǎo de jiéhé, hěn liǎobuqǐ.
10. 直体后空翻是力量与技巧的结合，很了不起。

The stretched backwards somersault is a combination of strength and skill. It is fabulous.

Nǐ de xīn dòngzuò liàn de zěnmeyàng le?
11. A: 你的新动作练得怎么样了？

How has practicing your new routines been going?

Hái búcuò, tèbié shì sānbǎi liùshí dù zhuǎntǐ liàn de yuèláiyuè hǎo.
B1: 还不错，特别是 360 度转体练得越来越好。

It's pretty good, especially the 360-degree twist, I have been practicing that move and it is getting better.

Yǒu shíhòu huì pèngdào ānmǎ, wǒ hái xūyào hǎohǎo liànxí.
B2: 有时候会碰到鞍马，我还需要好好练习。

Sometimes I might go on the pommel horse. I need to train on it more.

Nǐ yǒu méiyǒu kàn gāngcái nàge yùndòngyuán de zìyóu tǐcāo? Juéde zěnmeyàng?
12. A: 你有没有看刚才那个运动员的自由体操？觉得怎么样？

Did you see that gymnast's floor exercise just now? What do you think of it?

B1: Wǒ juéde dòngzuò hěn dàowèi, kěxī zhěngtào dòngzuò nándù bù gāo.
我觉得动作很到位,可惜整套动作难度不高。

I feel his actions were performed thoroughly. However, the degree of difficulty was not very high.

B2: Hái búcuò a, dòngzuò biānpái de hěn hélǐ.
还不错啊,动作编排得很合理。

It was not bad, the choreography was suitable.

词语　Vocabulary

序号	词语	拼音	词性	翻译
1	体操	tǐcāo	名	gymnastics
2	旋转	xuánzhuǎn	名	to rotate
3	绝活儿	juéhuór	名	forte
4	自由体操	zìyóu tǐcāo		floor exercise
5	无懈可击	wúxiè-kějī		flawless
6	双杠	shuānggàng	名	parallel bars
7	到位	dàowèi	形	in place
8	流畅	liúchàng	形	smooth
9	下法	xiàfǎ	名	dismount
10	成绩	chéngjì	名	score
11	跳马	tiàomǎ	名	horse vaulting

12	公平	gōngpíng	形	fair
13	吊环	diàohuán	名	flying rings
14	技巧	jìqiǎo	名	skill
15	铁十字	tiěshízì	名	iron cross
16	倒立	dàolì	动	to handstand
17	单杠	dāngàng	名	horizontal bar
18	失之交臂	shīzhī-jiāobì		to lose an opportunity close at hand
19	招牌动作	zhāopai dòngzuò		trademark
20	空中翻转	kōngzhōng fānzhuǎn		somersault
21	直体	zhítǐ	形	stretched
22	后空翻	hòukōngfān	名	backwards somersault
23	力量	lìliàng	名	strength
24	转体	zhuǎntǐ	名	twist
25	鞍马	ānmǎ	名	pommel horse
26	编排	biānpái	动	to arrange

Dì-èrshísì Kè　　Nǚzǐ　Tǐcāo

第二十四课　女子　体操

Lesson 24　Women's Gymnastics

　　　Nǚzǐ　tǐcāo duìyuán kěshì　gè huái　juéjì,　bù shǎo tǐcāo
1. 女子 体操 队员 可是 各怀 绝技，不少 体操

dòngzuò dōu shì yòng tāmen de míngzi mìngmíng de.
动作都是用她们的名字命名的。

Some female gymnasts who are highly talented have had some gymnastic moves named after them.

2. Nǚzǐ tǐcāo li de gāo-dīgàng hé pínghéngmù shì nánzǐ tǐcāo li méiyǒu de xiàngmù.
女子体操里的高低杠和平衡木是男子体操里没有的项目。

There are some gymnastics events that are only performed by women; for example men do not perform in the uneven parallel bars or balance beam events.

3. Hǎo kěxī, tā zài zuò huíhuán dòngzuò de shíhou diēdǎo le.
好可惜,她在做回环动作的时候跌倒了。

Unfortunately, she fell down while doing a circle.

4. Zhēn yíhàn, tā hǎo bù róngyì wánchéngle yíxiliè gāonándù dòngzuò, què bù xiǎoxīn shuāixiàle gàng.
真遗憾,她好不容易完成了一系列高难度动作,却不小心摔下了杠。

Poor girl! She tried her best to complete a series of difficult movements, but then accidently fell down.

5. Hé Kěxīn gāogàng hé dīgàng de zhuǎnhuàn zuò de xiāngdāng liúchàng.
何可欣高杠和低杠的转换做得相当流畅。

He Kexin's transfer between the high bar and low bar is pretty good.

6. Yùndòngyuán chǎngshang biǎoxiàn de línghuó qīngsōng, chǎngxià de
运动员场上表现得灵活轻松,场下的

jiānxīn kě shì wǒmen nányǐ tǐhuì de.
艰辛可是我们难以体会的。

Gymnasts perform agilely and easily on the field. It is hard for us to even understand how difficult their practice really is.

7. Hǎo xiǎn, chàdiǎnr cóng gāo-dīgàng shang shuāixiàlái, tā yīnggāi duō cā diǎnr měifěn de.
好险,差点儿从高低杠上摔下来,她应该多擦点儿镁粉的。

Luckily, she did not fall from the uneven parallel bars. She should use more magnesium powder.

8. Chéng Fēi shì tiàomǎ xiàngmù zuì chūzhòng de yùndòngyuán zhī yī, "Chéng Fēi Tiào" kān chēng yì jué.
程菲是跳马项目最出众的运动员之一,"程菲跳"堪称一绝。

Cheng Fei is one of the most outstanding gymnasts in the horse-vaulting events. The "Cheng Fei Vault" is a complicated stunt named after her.

9. Wǒ zhēn bù gǎn xiāngxìn, tā zài zuò gāonándù dòngzuò shí jìngrán zhème qīngsōng.
我真不敢相信,她在做高难度动作时竟然这么轻松。

I couldn't believe that she was so calm and relaxed when performing those difficult moves.

10. Yìshù tǐcāo li de gǔnfān dòngzuò hěn nán ma? Wǒ yìzhí hěn xiǎng xué.
艺术体操里的滚翻动作很难吗?我一直很想学。

Is the somersault difficult in rhythmic gymnastics? I have always wanted to learn it.

11. A: 女子体操中,你最喜欢哪项?

What is your favorite women's gymnastics event?

B1: 艺术体操结合了舞蹈和体操,所以我很喜欢这个项目。

Rhythmic gymnastics combines dance and gymnastics, so I like this one.

B2: 我喜欢看平衡木比赛,那些女运动员们看起来很优雅。

I enjoy the balance beam, these women gymnasts look so graceful.

12. A: 平时练得好好的,可是一到赛场我就不行了。

I train very well in general. But it doesn't work out in competition.

B1: 别紧张,相信自己你就成功一半了。

Don't be nervous. Believing in yourself is half the battle.

B2: 不要害怕,你要学习我们国家体操队的拼劲儿,越挫越勇。

Don't be afraid, you should learn the courage and fighting spirit of our nation's gymnastic team; with more failure comes more courage.

词语　Vocabulary

序号	词语	拼音	词性	翻译
1	各怀绝技	gè huái juéjì		to have special skills
2	命名	mìngmíng	动	to name
3	高低杠	gāo-dīgàng	名	uneven parallel bars
4	平衡木	pínghéngmù	名	balance beam
5	回环	huíhuán	名	a circle
6	跌倒	diēdǎo	动	to fall down
7	一系列	yíxìliè	形	a series of
8	高杠	gāogàng	名	high bar
9	低杠	dīgàng	名	low bar
10	灵活	línghuó	形	agile
11	艰辛	jiānxīn	形	difficult
12	镁粉	měifěn	名	magnesium powder
13	程菲跳	Chéng Fēi Tiào		Cheng Fei Vault
14	艺术体操	yìshù tǐcāo		rhythmic gymnastics
15	滚翻	gǔnfān	动	somersault

16	舞蹈	wǔdǎo	名	dance
17	优雅	yōuyǎ	形	graceful
18	拼劲儿	pīnjìnr	名	fighting spirit

Jiǔ　Shuǐshàng　Xiàngmù
九、水上　项目

UNIT 9　WATER SPORTS

Dì-èrshíwǔ Kè　Yóuyǒng
第二十五课　游泳
Lesson 25　Swimming

1. Yóuyǒng bǐsài de yǒngzī fēnwéi zìyóuyǒng、wāyǒng、diéyǒng hé yǎngyǒng sì zhǒng.
   游泳比赛的泳姿分为自由泳、蛙泳、蝶泳和仰泳四种。

   The styles in competitive swimming are divided into freestyle swimming, breaststroke, butterfly stroke, and backstroke.

2. Yóuyǒng bǐsài shí bùjǐn dào zhōngdiǎn yào chùbì, zhuǎnshēn shí yě yào chùbì, kě yǒu jiǎngjiu le.
   游泳比赛时不仅到终点要触壁，转身时也要触壁，可有讲究了。

   In all swimming competitions, it is known that swimmers must touch the wall upon completion of each length and also at the finish line.

3. Nánzǐ wǔshí mǐ zìyóuyǒng shì jùlí zuìduǎn、jìngzhēng zuì jīliè de xiàngmù zhī yī.
   男子50米自由泳是距离最短、竞争最激烈的项目之一。

The men's 50 meter freestyle is one of the shortest events in terms of distance and yet the fiercest.

4. Chúle yǎngyǒng yǐwài, suǒyǒu yóuyǒng xiàngmù de yùndòngyuán dōu yào cóng chūfātái tiàoshuǐ chūfā.
除了仰泳以外,所有游泳项目的运动员都要从出发台跳水出发。

Swimmers start with a dive from the starting blocks in all events except the backstroke.

5. Rúguǒ nǐ shì chūxuézhě, zuìhǎo zài yǒu jiùshēngyuán de yóuyǒngchí yóuyǒng.
如果你是初学者,最好在有救生员的游泳池游泳。

If you are a beginner, you should swim in a swimming pool with a lifeguard.

6. Bié kàn tā xiànzài yóu de màn, rúguǒ zhǎngwòle zhèngquè de hūxī jìshù, sùdù yídìng huì tígāo de.
别看他现在游得慢,如果掌握了正确的呼吸技术,速度一定会提高的。

Even though he swims slowly now, if he masters the correct breathing techniques, he will certainly increase his speed.

7. Wǒ yìzhí dōu xiǎng xué yóuyǒng, dàn wǒ pà qiāngshuǐ, suǒyǐ dào xiànzài hái shì ge hànyāzi.
我一直都想学游泳,但我怕呛水,所以到现在还是个旱鸭子。

I have always wanted to learn how to swim, but I am afraid of choking on water. So, I am still not great.

8. *Tīngshuō yóuyǒng néng zēngjiā fèihuóliàng, wǒ xiǎng lìyòng shǔjià qù xué yì xué.*
   听说 游泳 能 增加 肺活量，我 想 利用 暑假去学一学。

   I heard that swimming can increase lung capacity. I want to use this summer vacation to learn it.

9. *Nǐ gēbo hé tuǐ dōu hěn cháng, yídìng shìhé liànxí yóuyǒng, shuōbudìng néng zài bǐsài zhōng qǔdé hǎo chéngjì.*
   你胳膊和腿都很长，一定适合练习游泳，说不定能在比赛中取得好成绩。

   Your arms and legs are so long; they are ideal for swimming. Maybe you will become a great swimmer.

10. *Nǐ gāng xuéhuì yóuyǒng, búyào zài shēnshuǐqū yóu, háishi xiǎoxīn diǎnr hǎo.*
    你 刚 学会 游泳，不要 在 深水区 游，还是小心点儿好。

    You just learned how to swim. Be careful not to go into the deep end.

11. A: *Jīntiān zhēn rè, zánmen qù yóuyǒng ba!*
    今天 真 热，咱们 去 游泳 吧！

    It is too hot today! Let's go swimming.

    B1: *Hǎo a, qù Zhōngxīn Tǐyùguǎn zěnmeyàng?*
    好啊，去 中心 体育馆 怎么样？

    Okay. How about the Central Gymnasium?

    B2: *Wǒ zhè zhènzi zhèngzài xué ne, nǐ kěyǐ jiāo wǒ cǎishuǐ ma?*
    我这阵子正在学呢，你可以教我踩水吗？

    These days I have wanted to learn how to swim.

Could you teach me how to tread water?

12. A: Jīntiān yǒu méiyǒu Fēi'ěrpǔsī de bǐsài?
今天有没有菲尔普斯的比赛？

Is Michael Phelps in any events today?

Yǒu, tā huì cānjiā jīnwǎn nánzǐ yìbǎi mǐ diéyǒng de yùsài.
B1: 有，他会参加今晚男子100米蝶泳的预赛。

Yes, tonight he will be in the preliminary round of the men's 100 meter butterfly stroke.

Méiyǒu, búguò yǒu wǔshí mǐ zìyóuyǒng, shì wǒ zuì qīdài de yí gè xiàngmù.
B2: 没有，不过有50米自由泳，是我最期待的一个项目。

No. But there is a 50 meter freestyle event. That is the event I have been anticipating the most.

词语 Vocabulary

序号	词语	拼音	词性	翻译
1	泳姿	yǒngzī	名	swimming stroke
2	自由泳	zìyóuyǒng	名	freestyle swimming
3	蛙泳	wāyǒng	名	breaststroke
4	蝶泳	diéyǒng	名	butterfly stroke
5	仰泳	yǎngyǒng	名	backstroke
6	触壁	chùbì	动	to touch the walls
7	出发台	chūfātái	名	starting block

8	初学者	chūxuézhě	名	beginner
9	救生员	jiùshēngyuán	名	lifeguard
10	呼吸	hūxī	动	to breathe
11	呛水	qiāngshuǐ	动	to choke on water
12	旱鸭子	hànyāzi	名	bad swimmer; one who can't swim
13	肺活量	fèihuóliàng	名	lung capacity
14	胳膊	gēbo	名	arm
15	深水区	shēnshuǐqū	名	the deep end
16	踩水	cǎishuǐ	动	to tread water
17	预赛	yùsài	名	preliminary round

Dì-èrshíliù Kè Tiàoshuǐ

第二十六课　跳水

Lesson 26 Diving

1. Mùqián tiàobǎn tiàoshuǐ hé tiàotái tiàoshuǐ dōu yǐ bèi lièwéi
   目前 跳板 跳水 和 跳台 跳水 都 已 被 列为
   Àoyùnhuì bǐsài xiàngmù.
   奥运会 比赛 项目。

   Currently, springboard diving and platform diving are included in the Olympic games.

2. Tiàoshuǐ de zīshì fēnwéi zhítǐ、qūtǐ、bàoxī hé fānténg jiān
   跳水 的 姿势 分为 直体、屈体、抱膝 和 翻腾 兼
   zhuǎntǐ sì zhǒng.
   转体 四 种。

Diving position consist of straight, pike, tuck, and free.

3. _{Tā xuǎn de dòngzuò nándù xìshù bù gāo a, zhǐ yǒu èr diǎn jiǔ.}
他选的动作难度系数不高啊,只有 2.9。

His dive's degree of difficulty is not high, only 2.9.

4. _{Shuāngrén tiàoshuǐ jì yāoqiú dòngzuò dàowèi, liǎng gè rén hái yào jǐnliàng tóngshí qǐtiào hé rùshuǐ.}
双人 跳水既要求动作到位,两个人还要尽量同时起跳和入水。

Synchronized diving is judged both on the quality of execution and the synchronicity–in timing of take-off and entry.

5. _{Suīrán dǎkāi de shíjiān zǎole diǎnr, dànshì zhège dòngzuò wánchéng de zhìliàng háishi tǐng gāo de.}
虽然打开的时间早了点儿,但是 这个动作完成 的质量还是挺高 的。

Even though the start time is a little early, the quality of execution is still high.

6. _{Nánguài cáipàn kòule diǎnr fēn, tā gāngcái kōngzhōng bàotuǐ shí xīgài yǒudiǎnr wān le.}
难怪 裁判 扣了点儿分,他 刚才 空中 抱腿 时膝盖有点儿弯 了。

No wonder the judges deducted a few points. He bent his knees slightly while holding his legs.

7. _{Nǐ kuài kàn mànjìngtóu, tā qǐtiào shí chūxiàn shīwù le.}
你快看慢镜头,他起跳时 出现 失误 了。

Take a look at the slow motion; he made a mistake

when he started to jump.

8. Tā gāngcái xiàng hòu fānténg liǎng zhōu zhuǎntǐ yì zhōu bàn de dòngzuò
他刚才向后翻腾两周转体一周半的动作
wánchéng de hěn guīfàn.
完成得很规范。

His form while performing a backward somersault 720 degrees and twisting 540 degrees was flawless.

9. Nǐ hái bù zhīdao ba, tiàoshuǐ de dòngzuò dàimǎ jiù dàibiǎole
你还不知道吧,跳水的动作代码就代表了
dòngzuò de nándù.
动作的难度。

You don't even know, the dive number represents the degree of difficulty of the dive.

10. Tā shuǐhuā yā de bú tài hǎo, gāngcái dǎkāi de shíhou zài
他水花压得不太好,刚才打开的时候再
guǒduàn yìdiǎnr jiù hǎo le.
果断一点儿就好了。

He did not control the splash well, if he just opened a bit more decisively, it would have been better.

11. Shuǐhuā nàme xiǎo, tā kěndìng néng ná dì-yī.
A: 水花那么小,他肯定能拿第一。

For his clean entry, he is sure to get first place.

Shì a, rùshuǐ de zīshì nàme piàoliang, zhēn shì bàng
B1: 是啊,入水的姿势那么漂亮,真是棒
jíle!
极了!

I agree with you. The entry was so beautiful.

Amazing!

B2: _{Tā zuò de shì búcuò, búguò nándù xìshù bù gāo, néng}
他做得是不错,不过难度系数不高,能
_{bù néng nádào guànjūn hái shì ge wèizhīshù ne.}
不能拿到冠军还是个未知数呢。

He did well, but because of his low degree of difficulty, it is unknown whether he can be the champion.

12. A: _{Zhè tiàotái yǒu shí mǐ, nǐ gǎn tiào ma?}
这跳台有十米,你敢跳吗?

The platform is 10 meters high, do you dare to jump?

B1: _{Kàn wǒ de, wǒ dàxué shí kě shì duì li de zhǒngzi}
看我的,我大学时可是队里的种子
_{xuǎnshǒu ne!}
选手呢!

Look at me. I was a top player in my college team.

B2: _{Tài gāo le, wǒ háishi cóng sān mǐ de kāishǐ liàn ba.}
太高了,我还是从三米的开始练吧。

It is too high. Let's start practicing from the 3 meter point.

● 词语　Vocabulary

序号	词语	拼音	词性	翻译
1	跳板	tiàobǎn	名	springboard
2	跳台	tiàotái	名	platform

3	屈体	qūtǐ	动	pike
4	抱膝	bàoxī	动	tuck
5	翻腾	fānténg	动	somersault (diving)
6	系数	xìshù	名	degree
7	双人跳水	shuāngrén tiàoshuǐ		synchronized diving
8	入水	rùshuǐ	动	entry
9	抱腿	bàotuǐ	动	holding legs
10	弯	wān	形	bent
11	慢镜头	mànjìngtóu	名	slow motion
12	周	zhōu	量	360 degrees (diving)
13	代码	dàimǎ	名	code
14	水花	shuǐhuā	名	splash
15	压	yā	动	to control/press
16	果断	guǒduàn	形	decisive
17	未知数	wèizhīshù	名	unknown number
18	种子选手	zhǒngzi xuǎnshǒu		top player

Shí Bīngxuě Xiàngmù
十、冰雪 项目

UNIT 10 ICE AND SNOW SPORTS

Dì-èrshíqī Kè Huábīng
第二十七课 滑冰
Lesson 27 Skating

1. Měi gè zhōumò, wǒ dōu huì qù huábīng, xiǎngshòu nà zhǒng zài bīng shang zìyóu huáxíng de gǎnjué.
   每个周末,我都会去滑冰,享受那种在冰上自由滑行的感觉。
   Every weekend, I go ice-skating because I enjoy the feeling of gliding on the ice freely.

2. Huábīng néng duànliàn xiàzhī lìliàng, zuì shìhé nǐmen kāichēzú le.
   滑冰 能 锻炼下肢力量,最适合你们开车族了。
   Skating can improve the strength of your lower limbs. This sport is most suitable for drivers.

3. Kàndào tā de bīngxié le ma, zhēn piàoliang! Wǒ yě yìzhí xiǎng mǎi yì shuāng.
   看到他的冰鞋了吗,真漂亮!我也一直想买一双。
   Do you see his skates? They are so beautiful. I want to buy a pair for myself.

4. Nǐ xiǎng xué huábīng, děi xiān kèfú kǒngjù xīnlǐ, bú pà shuāi
   你想学滑冰,得先克服恐惧心理,不怕摔

cái xíng.
才行。

If you want to learn to skate, you have to overcome the fear of falling.

5. Guān Yǐngshān de zhāopai dòngzuò — yànshì huáxiáng shēnshēn zhéfúle zàichǎng de guānzhòng hé píngwěi.
关颖珊的招牌动作——燕式滑翔深深折服了在场的观众和评委。

All the audience and the judges were impressed by Michelle Wingshan Kwan's signature action, the arabesque gliding.

6. Tāmen de tuōjǔ dòngzuò néng zuò de zhème zìrán liúchàng, zhēn bù róngyì.
他们的托举动作能做得这么自然流畅，真不容易。

The way he does the lifting is so natural and smooth; it is definitely not easy.

7. Quántǐ duìyuán guīduì zhīhòu, duǎndào sùhuáduì kāishǐ jíxùn le.
全体队员归队之后，短道速滑队开始集训了。

Once all the members had returned, the short track speed skating team began their intensive training.

8. Tā suīrán huòdéle èrshí'èr gè shìjiè guànjūn tóuxián, dàn hái méi náguo yì méi Dōng'àohuì jīnpái.
她虽然获得了22个世界冠军头衔，但还没拿过一枚冬奥会金牌。

Although she has obtained 22 world championship titles, she has yet to win a gold medal in the Winter Olympics.

9. 他刷新了自由滑的世界纪录,但没想到赛后就宣布退役了。

He broke a free skating record. However, to our surprise, he announced his retirement after the game.

10. 这组选手表现不俗,两个抛跳落地都非常稳。

The group of skaters skated well. Their landings were stable even after two throw jumps on the ice.

11. A: 你去过黑龙江吗?我听说那里很多人都会滑冰。

Have you been to Heilongjiang? I heard that many people can skate there.

B1: 真的吗,那里一定诞生过很多冰上冠军吧?

Really? It must be a home for many ice skating champions.

B2: 可不是嘛!很多孩子都是在冰上长大的。

Exactly! Many children have grown up on the ice.

12. A: Wǒ shì gè duǎndào sùhuá xīnshǒu, guò wāndào shí zǒngshì shuāijiāo, gāi zěnme bàn ne?
我是个短道速滑新手,过弯道时总是摔跤,该怎么办呢?

I'm an inexperienced short track speed skater and always fall when turning around the curve. What should I do?

B1: Guò wāndào shí, shēntǐ yào shāowēi qīngxié, cái néng bǎochí pínghéng.
过弯道时,身体要稍微倾斜,才能保持平衡。

Keep your body slightly tilted to keep balance when turning around the curve.

B2: Guò wāndào díquè shì jìshù nánguān, nǐ háishi zhǎo gè zhuānyè de jiàoliàn jiāojiao nǐ ba.
过弯道的确是技术难关,你还是找个专业的教练教教你吧。

Turning around the curve is a technical barrier. You should hire a professional coach to teach you.

● 词语　Vocabulary

序号	词语	拼音	词性	翻译
1	滑冰	huábīng	动	to skate
2	滑行	huáxíng	动	to glide
3	下肢	xiàzhī	名	lower limbs
4	开车族	kāichēzú	名	car-owners

5	冰鞋	bīngxié	名	skates
6	滑翔	huáxiáng	动	to glide
7	托举	tuōjǔ	动	to lift
8	归队	guīduì	动	to return
9	短道速滑	duǎndào sùhuá		short track speed skating
10	集训	jíxùn	动	intensive training
11	头衔	tóuxián	名	title
12	冬奥会	Dōng'àohuì	名	the Winter Olympic Games
13	刷新	shuāxīn	动	to break the record
14	退役	tuìyì	动	to retire
15	抛跳	pāotiào	动	throw jump
16	弯道	wāndào	名	curve
17	摔跤	shuāijiāo	动	to fall
18	难关	nánguān	名	barrier

第二十八课　滑雪

Dì-èrshíbā Kè　Huáxuě

Lesson 28　Skiing

1. 滑雪是一项既浪漫又刺激的运动，带你女朋友去滑雪吧。

Huáxuě shì yí xiàng jì làngmàn yòu cìjī de yùndòng, dài nǐ nǚpéngyou qù huáxuě ba.

Skiing is a romantic and exciting sport. You should take your girlfriend skiing.

2. 滑雪初学者应该在平坦宽阔一点儿的地方练习,而且要戴好护具。

Beginners should practice on flat and broad areas and put on protective gear.

3. 我什么时候才能在中级道用滑雪板滑出漂亮的大S形呢?

When can I go skiing on the medium level trail and carve some beautiful S'es in the snow?

4. 我喜欢自由式越野滑雪,因为这对蹬动动作没有限制。

I like freestyle cross-country skiing because it has no limitations on foot movements.

5. 我要学习转弯技术,这样滑雪时能轻易绕过障碍物。

I want to learn how to turn so I can easily avoid the obstacles when skiing.

6. 她的加速、空中转体以及随后的落地都完成得很好。

She performs well in speeding, twisting in the air,

and landing.

7. _{Hējiǔ hòu búyào qù huáxuě, bùrán hěn róngyì fāshēng yìwài.}
喝酒后不要去滑雪,不然很容易发生意外。

Don't go skiing after drinking. Otherwise, accidents are likely to happen.

8. _{Tā zài jísù zhuǎnwān shí shīshǒu, lián shǒu shang de huáxuěgān dōu diào le.}
他在急速转弯时失手,连手上的滑雪杆都掉了。

He failed when making a sudden turn and dropped his ski poles.

9. _{Huáxuě de shíhou, huáxuěbǎn yīng shǐzhōng bǎochí wàibāzìzhuàng, bìng yòng nèirèn láoláo kèzhù xuěmiàn.}
滑雪的时候,滑雪板应始终保持外八字状,并用内刃牢牢刻住雪面。

The skier should keep the ski spread out like the Chinese character for "eight" and keep the inner edge of the ski touching the surface of snow.

10. _{Yùndòngyuán yào shànyú kòngzhì zài kōngzhōng shí de zīshì, cái néng huòdé lǐxiǎng de chéngjì.}
运动员要善于控制在空中时的姿势,才能获得理想的成绩。

The skier should be good at controlling his posture in the air. This way, he can achieve a favorable result.

11. _{Zěnyàng cái néng fángzhǐ zài huáxuě guòchéng zhōng bèi dòngshāng ne?}
A: 怎样才能防止在滑雪过程中被冻伤呢?

How do I prevent injuries from the cold while skiing?

B1: 你得穿专用滑雪服,这样雪就不会从领口和袖口钻进衣服里了。

Nǐ děi chuān zhuānyòng huáxuěfú, zhèyàng xuě jiù bú huì cóng lǐngkǒu hé xiùkǒu zuānjìn yīfu li le.

You must put on special ski clothes so that the snow won't penetrate your clothes from your collar or cuffs.

B2: 鞋袜要保持干燥,及时更换。

Xiéwà yào bǎochí gānzào, jíshí gēnghuàn.

Keep your shoes and socks dry and change them constantly.

12. A: 这里建滑雪场了,我们要不要一起去试试?

Zhèli jiàn huáxuěchǎng le, wǒmen yào bú yào yìqǐ qù shìshi?

A skiing park was just built here. Shall we go give it a try?

B1: 恐怕不行,我心脏不好,也没受过训练。

Kǒngpà bùxíng, wǒ xīnzàng bù hǎo, yě méi shòuguo xùnliàn.

I'm afraid not. I have a weak heart and have never received any training.

B2: 好啊,不过我们得先买套装备。

Hǎo a, búguò wǒmen děi xiān mǎi tào zhuāngbèi.

That's a good idea, but we have to buy skiing equipment first.

词语　　Vocabulary

序号	词语	拼音	词性	翻译
1	滑雪	huáxuě	动	to go skiing/ski
2	浪漫	làngmàn	形	romantic
3	刺激	cìjī	形	exciting
4	平坦	píngtǎn	形	flat
5	宽阔	kuānkuò	形	broad
6	护具	hùjù	名	protective gear
7	中级道	zhōngjídào	名	medium level ski run
8	滑雪板	huáxuěbǎn	名	ski, snowboard
9	蹬动	dēngdòng	动	pedal move
10	转弯	zhuǎnwān	动	to make a turn
11	急速	jísù	形	rapid
12	失手	shīshǒu	动	to fail
13	滑雪杆	huáxuěgān	名	ski pole
14	外八字	wàibāzì	名	feet in "V" position
15	内刃	nèirèn	名	inner edge
16	冻伤	dòngshāng	动	to be injured by cold
17	滑雪服	huáxuěfú	名	ski outfit
18	滑雪场	huáxuěchǎng	名	ski park
19	装备	zhuāngbèi	名	gear; equipment

Shíyī　Zhìlì　Xiàngmù
十一、智力 项目

UNIT 11 STRATEGY GAMES

Dì-èrshíjiǔ Kè　Wéiqí
第二十九课　围棋
Lesson 29　Go

1. Wǒ yǒu gè línjū shì wéiqí gāoshǒu, wǒmen dǎsuan zhōumò qiēcuō qiēcuō.
   我有个邻居是围棋高手，我们打算周末切磋切磋。

   One of my neighbors is good at the game of go, and we plan on playing this weekend.

2. Wǒ yǒudiǎnr kàn bù dǒng, qípán jiǎo shang de kòng jiūjìng shì hēiqí de háishi báiqí de ne?
   我有点儿看不懂，棋盘角上的空究竟是黑棋的还是白棋的呢？

   I am a little bit confused. Does the area on the corner of the checkerboard belong to Black or White?

3. Suīrán báiqí huòdéle shídì, dànshì hēiqí qǔdéle wàishì.
   虽然白棋获得了实地，但是黑棋取得了外势。

   Although White controls the area, Black surrounds it.

4. Nǐ gāng kāishǐ xué wéiqí, wǒ gěi nǐ bǎi yí gè chángjiàn de bùjú.
   你刚开始学围棋,我给你摆一个常见的布局。

   You just started to learn the game of go. Let me show you common first moves of the game.

5. Shuǐpíng gāo de dàshī yì kāijú jiù néng zuòhǎo zhǔnbèi, yìngduì duìshǒu hòumian de zhāoshù.
   水平高的大师一开局就能做好准备,应对对手后面的招数。

   Masters of the game of go should fully prepare their strategies at the beginning of the game so they can anticipate their opponent's next moves easily.

6. Hēiqí yào tiē liù mù bàn, zhè shì LG Bēi shìjiè qíwángzhàn de guīzé.
   黑棋要贴六目半,这是LG杯世界棋王战的规则。

   The rule of LG World Go Cup is that Black has 6.5 points less than White.

7. Zuótiān de wéiqí bǐsài, tā hòu bàn pán fāhuī de xiāngdāng chūsè.
   昨天的围棋比赛,他后半盘发挥得相当出色。

   He had an amazing performance in the second-half of yesterday's go match.

8. Wǒmen bǎ guónèi zuì lìhai de qíshǒu jiàozuò "guóshǒu".
   我们把国内最厉害的棋手叫作"国手"。

   We call go players who have reached the highest level in our nation "Grand Master".

9. Tā kě shì yǒumíng de wéiqí gāoshǒu, wǒ gēnběn bù gǎn hé tā
   他可是有名的围棋高手,我根本不敢和他

guòzhāo.
过招。

He is such a famous go player that I wouldn't dare to play against him.

10. Diǎn yíxià mù ba, kànkan shéi yíng le.
点一下目吧,看看谁赢了。

Count the points to see who the winner is.

11. A: Nǐ juéde zhè zhāo qí zěnmeyàng a?
你觉得这招棋怎么样啊?

How do you like this move?

B1: Zhè zhāo qí hěn yǒu xiàolǜ, kěyǐ fángzhǐ hēiqí de qīnxiāo.
这招棋很有效率,可以防止黑棋的侵消。

This move is very efficient. It can effectively prevent Black from taking your piece.

B2: Xià zài nàli yě xíng, zhèyàng kěyǐ xiān pò hēiqí de shíkòng.
下在那里也行,这样可以先破黑棋的实空。

It would work over there too. This way, he can break through Black's territory first.

12. A: Tīngshuō nǐ huì xià wéiqí, wǒmen jīntiān wǎnshang lái yì jú hǎo ma?
听说你会下围棋,我们今天晚上来一局好吗?

I heard you can play go, shall we play tonight?

B1: *Hǎo a. Wǒ lái zhǔnbèi qípán hé qízǐ.*
好啊。我来准备棋盘和棋子。

Okay. I will prepare the board and stones.

B2: *Jīntiān wǎnshang yǒu Zhōng-Hán wéiqí dàsài, wǒmen xiān kàn bǐsài, yǐhòu zài xià ba.*
今天晚上有中韩围棋大赛，我们先看比赛，以后再下吧。

Tonight, there will be a go tournament between China and Korea. Let's go watch the game first and then play afterwards.

● 词语　Vocabulary

序号	词语	拼音	词性	翻译
1	智力	zhìlì	名	intelligence
2	切磋	qiēcuō	动	to have a game
3	棋盘	qípán	名	checkerboard
4	空	kòng	名	space
5	黑棋	hēiqí	名	Black
6	白棋	báiqí	名	White
7	实地	shídì	名	territory
8	外势	wàishì	名	encirclement
9	布局	bùjú	名	position of pieces (on a chessboard)
10	大师	dàshī	名	master
11	招数	zhāoshù	名	tactics
12	贴	tiē	动	to yield

13	目	mù	量	point
14	棋王	qíwáng	名	the king of go
15	棋手	qíshǒu	名	go player
16	国手	guóshǒu	名	Grand Master
17	过招	guòzhāo	动	to play with sb.
18	招	zhāo	名	move (in chess or go)
19	侵消	qīnxiāo	动	to invade
20	实空	shíkōng	名	controlled territory
21	棋子	qízǐ	名	stones, pieces (in chess or go)

Dì-sānshí Kè Qiáopái

第 三十 课 桥牌

Lesson 30 Bridge

Qiáopái jìshù fēnwéi jiàopái、zuòzhuāng hé fángshǒu sān gè bùfen.

1. 桥牌 技术 分为 叫牌、做庄 和 防守 三个 部分。

Bridge strategy consists of bidding, play (declarer's play) and defense (defender's play).

Tā dǎ qiáopái zài wǒmen bān shì dǐngjiān de, tā zuòzhuāng de
jìshù hěn hǎo.

2. 他打 桥牌 在 我们 班 是 顶尖 的,他 做庄 的 技术 很 好。

He's the best in our class, and is excellent at declaring.

Zìrán jiàopáifǎ kāijiào yīwújiàng shì shíliù zhì shíbā dà páidiǎn,

3. 自然 叫牌法 开叫 一无将 是 16 至 18 大牌点,

píngjūn páixíng.
平均 牌型。

A natural bid of 1NT (notrump) is 16 to 18 HCP (high card points), BAL (balanced).

4. *Dǎ qiáopái yào bǐjiào lěngjìng, bù néng huāngzhāng hé jízào.*
打桥牌要比较冷静，不能 慌张 和急躁。

You need to keep calm when playing bridge-you can't get flustered or anxious.

5. *Yí fù pái de páijú zhuàngkuàng yào cóng duō fāngmiàn qù kǎolǜ.*
一副牌的牌局 状况 要从 多方面 去考虑。

You need to consider the parameters of game from multiple angles.

6. *Zài zìrán jiàopái tǐzhì li, nǐ de liǎnghuāsè kāijiào shì biǎoshì zuì qiáng de pái ma?*
在自然叫牌体制里，你的 两花色开叫是表示最 强 的牌吗？

In a natural bidding system, does 2 club mean you have the strongest cards?

7. *Qiáopái liánsài kāishǐle dì-èr lún zhēngduó.*
桥牌 联赛 开始了第二 轮 争夺。

The second round of competition at the bridge tournament is starting.

8. *Zhōngguó nǚduì yǐ jiào dà yōushì zhànshèng lǎoduìshǒu Měiguóduì, jìnrù juésài.*
中国 女队以较大优势 战胜 老对手美国队，进入 决赛。

A strong Chinese women's team is going up against

their old rival, the USA and have made it into the final round.

9. 这个牌是 4-3-3-3 无将牌型,这种牌型我们通常是开叫一草花。

These cards, 4333, are NT–the normal opening bid for them is 1 club.

10. 桥牌是一种高雅、文明、竞技性很强的智力游戏。

Bridge is an elegant, cultured, and highly competitive skill-based card game.

11. A: 这副牌搭档为什么只能应叫一水平而不是二水平?

Why can this hand open at the 1 level and not the 2 level?

B1: 因为搭档的牌实力比较差,只有7点牌,只能在一水平上应叫。

Because this isn't a great hand–it only has 7 card points, so it can only be opened at 1 level.

B2: 应叫二水平的话,大牌点一般要在 11

diǎn yǐshàng.
点 以上。

To open at 2 level, your largest card should have at least 11 points.

12. A: *Shénme jiào liǎngcǎohuā "Stayman yuēdìngjiào"?*
什么 叫 两草花 "Stayman 约定叫"?

What is a 2 club "Stayman Contract"?

B1: *Zài yīwújiàng zhīhòu, kāijiào liǎngcǎohuā, xúnwèn duìfāng shǒuchí gāotào de qíngkuàng.*
在 一无将 之后,开叫 两草花,询问 对方 手持 高套 的 情况。

After a 1NT, you open with 2 club, asking if your opponent has a high set.

B2: *Zhè liǎngcǎohuā bìng bú dàibiǎo shǒuli yǒu cǎohuātào, zhǐshì xiǎng xúnzhǎo gāotào de pèihé.*
这 两草花 并不代表手里有草花套,只是 想 寻找 高套 的 配合。

Opening with 2 club isn't meant to say that you have clubs, but rather is just a way of asking if your opponent has higher cards.

● 词语　**Vocabulary**

序号	词语	拼音	词性	翻译
1	桥牌	qiáopái	名	bridge
2	叫牌	jiàopái	动	to bid
3	做庄	zuòzhuāng	动	to play; declarer's play
4	防守	fángshǒu	动	to defend; defender's play

5	开叫	kāijiào	动	to make an opening bid
6	一无将	yīwújiàng	名	1NT (notrump)
7	牌点	páidiǎn	名	points
8	牌型	páixíng	名	hand
9	牌局	páijú	名	game
10	花色	huāsè	名	suit
11	联赛	liánsài	名	tournament
12	争夺	zhēngduó	动	to enter into a rivalry with sb.
13	将	jiàng	名	trump
14	草花	cǎohuā	名	clubs
15	竞技	jìngjì	动	to compete
16	搭档	dādàng	名	partner
17	应叫	yìngjiào	动	to make a responding bid
18	约定叫	yuēdìngjiào	名	contract
19	高套	gāotào	名	high set

Dì-sānshíyī Kè Guójì Xiàngqí
第 三十一 课 国际 象棋
Lesson 31 Chess

    Guójì xiàngqí hé Zhōngguó xiàngqí kě bù yíyàng, nǐ bié
1. 国际象棋 和 中国 象棋 可 不 一样，你 别
nònghùn le.
弄混 了。

Chess and Chinese chess are very different games,

do not confuse them.

2. 国际象棋是世界四大棋类之一，其他三个是中国象棋、围棋和将棋。

Chess is one of the world's four major chess versions; the other three are Chinese chess, go, and shogi.

3. 他刚学会下国际象棋，总是到处找人下棋。

He just learned how to play chess and is always trying to find people to play chess with him.

4. 你得记住，如果国王已经移动过，再易位就犯规了。

Please remember that your king has already been moved; if you move it again, you will violate a rule.

5. 这一着将军真妙，一下子把对方的国王将死了。

The check was so well played that the opponent's king will be forced into checkmate immediately.

6. 看来你不太熟悉法兰西防御，我们一起来摆一下吧。

It seems that you are not familiar with the French defense. Let's arrange the pieces to demonstrate it.

7. Wǒ juéde zhè pán qí, hùxiāng duìzǐ duì báifāng yǒulì.
   我觉得这盘棋,互相兑子对白方有利。

   I think in this chess match, the white side has the advantage if they exchange pieces.

8. Zhè pán qí bù fēn shèngfù, zuì gōngpíng de jiéguǒ yīnggāi shì héqí.
   这盘棋不分胜负,最公平的结果应该是和棋。

   Neither side will win; a draw should be the fairest result.

9. Nǐ děi zhùyì, rúguǒ bù néng zài xiāngyìng de shíjiān nèi zǒuwán guīdìng de zhāoshù, jiù huì "chāoshí pànfù".
   你得注意,如果不能在相应的时间内走完规定的着数,就会"超时判负"。

   Pay attention! If a player's time runs out and he doesn't complete his move, the player will automatically lose the game.

10. Zhè cì bǐsài cǎiyòngle zhùshǒuzhì, zuò zhùshǒu de qíshǒu yě tígāole zìjǐ de qíyì.
    这次比赛采用了助手制,做助手的棋手也提高了自己的棋艺。

    During this match, the players are using assistants. By doing this, the assistants will improve their chess playing abilities.

11. Wǒ xiǎng bào yí gè zhōumò xiàngqí xìngqùbān, nǐ juéde
    A: 我想报一个周末象棋兴趣班,你觉得

zěnmeyàng?
怎么样?

I want to enter a weekend chess group, what do you think?

B1: Xià xiàngqí kěyǐ péiyǎng nàixīn, kāifā zhìlì, wǒ yě zhèng xiǎng xué ne!
下象棋可以培养耐心,开发智力,我也正想学呢!

Playing chess can develop your patience and intelligence. I want to learn, too.

B2: Hǎo shì hǎo, búguò xuéxí xiàngqí yào yǒu jiānchí xiàqù de yìlì, nǐ néng jiānchí ma?
好是好,不过学习象棋要有坚持下去的毅力,你能坚持吗?

That is good. But it requires a lot of perseverance, can you stick with it?

12. A: Zhè cì guójì xiàngqí bǐsài zuìhòu shéi yíng le?
这次国际象棋比赛最后谁赢了?

Who won the international chess finals?

B1: Dāngrán shì Xiǎomíng la, tā kě déguo guójì xiàngqí guànjūnsài shàoniánzǔ de guànjūn ne.
当然是小明啦,他可得过国际象棋冠军赛少年组的冠军呢。

Of course it was Xiaoming, he won the international chess championship in the teenage group.

B2: Zhōngguó nánduì de shílì shízài tài qiáng le, tāmen de sān míng qíshǒu gègè dōu shì guójì dàshī.
中国男队的实力实在太强了,他们的三名棋手个个都是国际大师。

The Chinese men's team is rather strong and these three chess players are all international grandmasters.

词语　Vocabulary

序号	词语	拼音	词性	翻译
1	国际象棋	guójì xiàngqí		chess
2	中国象棋	Zhōngguó xiàngqí		Chinese chess
3	将棋	jiàngqí	名	shogi
4	下棋	xià qí		to play chess
5	国王	guówáng	名	king
6	易位	yìwèi	动	to move
7	将军	jiāngjūn	动	to check
8	法兰西防御	Fǎlánxī fángyù		French defence
9	兑子	duìzǐ	动	to exchange pieces
10	白方	báifāng	名	white
11	和棋	héqí	名	draw
12	着数	zhāoshù	名	move (in chess)
13	超时	chāoshí	动	to run out of time
14	助手制	zhùshǒuzhì	名	assistant system
15	棋艺	qíyì	名	chess technique
16	兴趣班	xìngqùbān	名	interest class
17	毅力	yìlì	名	perseverance
18	少年组	shàoniánzǔ	名	teenage group

Shí'èr Qítā Xiàngmù
十二、其他 项目

UNIT 12 OTHER SPORTS

Dì-sānshí'èr Kè Sàichē Xiàngmù
第 三十二 课 赛车 项目
Lesson 32 Motor Racing

Hěn duō rén dōu bù zhīdao F yī de quánmíng shì "Yī Jí Fāngchéngshì
1. 很多人都不知道F1的全名是"一级方程式
Sàichē Shìjiè Jǐnbiāosài".
赛车世界锦标赛"。

Many people do not know that the full name of F1 is "Formula One World Championship".

Hǎo xiǎn! Tā de nàge jísù piāoyí zhēn shì tài cìjī le!
2. 好险!他的那个极速漂移真是太刺激了!

That was a close call! His rapid drift was so exciting!

Sàichēshǒu de chējì hé sàichē de xìngnéng dōu shì néng fǒu yíngdé
3. 赛车手的车技和赛车的性能都是能否赢得
bǐsài de guānjiàn.
比赛的关键。

The racer's driving skills and the car's performance are the keys to win the championship.

Bú shì guāng yǒu jiàzhào jiù néng dāngshàng sàichēshǒu de, tāmen
4. 不是光有驾照就能当上赛车手的,他们

dōu shì jīngguò qiāntiāo-wànxuǎn de chētán jīngyīng.
都是经过 千挑万选 的 车坛 精英。

Those who only have a driver's license are not able to be racers; they must be chosen elites in the racing world.

Yèyú chéduì hé zhíyè chéduì dōu néng cānjiā shìjiè lālì jǐnbiāosài.
5. 业余车队 和 职业 车队 都 能 参加 世界 拉力 锦标赛。

Both amateur teams and professional teams can join the World Rally Championship.

Nǐ zhème xǐhuan F yī, nà nǐ zhī bù zhīdao hěn duō zhùmíng de F yī sàichēshǒu dōu shì cóng kǎdīngchē qǐbù de?
6. 你这么喜欢F1，那你知不知道很多著名的F1赛车手都是从卡丁车起步的？

You are very fond of F1, do you know many famous F1 drivers started their careers in karting?

F yī bǐsài zhōng, huàn lúntāi de sùdù tèbié zhòngyào, yìbān sì miǎo jiù děi huànwán.
7. F1比赛中，换轮胎的速度特别重要，一般4秒就得换完。

In F1, the speed in which tires are changed is very important. In general this should be completed in 4 seconds.

Nǐ kě qiānwàn bù néng yòng sīzì gǎizhuāng de chē lái biāochē, nàyàng búdàn wēixiǎn, érqiě shì wéifǎ de.
8. 你可千万 不能 用 私自 改装 的 车来 飙车，那样 不但 危险，而且 是 违法 的。

You should not use unauthorized modified cars to drag race. It is both dangerous and illegal.

9. _{Kànlái nǐ shì sàichē "bǎishìtōng" a, yǐhòu yǒu shénme bù dǒng de jiù lái zhǎo nǐ.}
看来你是赛车"百事通"啊，以后有什么不懂的就来找你。

It's like you are a human encyclopedia when it comes to auto racing. If I have any questions in the future, I will ask you.

10. _{Wǒ dìdi tèbié xǐhuan sàichē, zhǐyào yǒu chēsài tā dōu xiǎng dào xiànchǎng qù kàn.}
我弟弟特别喜欢赛车，只要有车赛他都想到现场去看。

My younger brother is really into auto racing. If there is a race being held, he will be there.

11. A: _{Zuòwéi yí gè sàichēmí, nǐ duì sàichē de zhìzào biāozhǔn liǎojiě duōshao ne?}
作为一个赛车迷，你对赛车的制造标准了解多少呢？

As an auto racing fan, how much do you know about racing car manufacturing standards?

B1: _{Wǒ zhīdao de kě duō le, dǐpán、yǐnqíng、lúntāi, shénme dōu nán bù dǎo wǒ.}
我知道的可多了，底盘、引擎、轮胎，什么都难不倒我。

I know everything about the chassis, engines, and tires. Nothing is too hard for me.

B2: 我也是刚迷上赛车,懂的还不多。

I just like auto racing but I do not know much about it.

12. A: 你喜欢F1还是摩托GP?

Which do you prefer, F 1 or Moto GP?

B1: 我更喜欢摩托GP,因为我就是个摩托车爱好者。

I prefer Moto GP because I am a fan of motorcycles.

B2: 哪一个都不喜欢,我觉得都很危险。

Neither. I think they are both very dangerous.

词语　Vocabulary

序号	词语	拼音	词性	翻译
1	赛车	sàichē	名	motor racing; racing vehicle
2	方程式	fāngchéngshì	名	formula
3	极速	jísù	形	rapid
4	漂移	piāoyí	动	to drift
5	赛车手	sàichēshǒu	名	racer
6	车技	chējì	名	driving skill
7	性能	xìngnéng	名	performance
8	驾照	jiàzhào	名	driving license

9	车坛	chētán	名	racing world
10	业余	yèyú	形	amateur
11	车队	chēduì	名	(driving) team
12	职业	zhíyè	形	professional
13	拉力	lālì	名	rally
14	卡丁车	kǎdīngchē	名	karting
15	起步	qǐbù	动	to start
16	轮胎	lúntāi	名	tire
17	改装	gǎizhuāng	动	to modify
18	飙车	biāochē	动	to have a drag race
19	百事通	bǎishìtōng	名	human encyclopedia
20	赛车迷	sàichēmí	名	auto racing fan
21	底盘	dǐpán	名	chassis
22	引擎	yǐnqíng	名	engine
23	摩托	mótuō	名	motor
24	爱好者	àihàozhě	名	fan, amateur

Dì-sānshísān Kè Bójī Xiàngmù

第 三十三 课 搏击 项目

Lesson 33 Fighting Events

1. Bójī xuǎnshǒu bùguǎn shūyíng dōu yào yǒu gǎn dǎ gǎn pīn de jīngshén.

搏击 选手 不管 输赢 都要 有 敢打敢拼的 精神。

Whether winning or losing, a fighter should always

have the will to move forward.

2. Nàge táiquándào xuǎnshǒu búduàn de   fālì、   tītuǐ,   gōngjī
   那个 跆拳道 选手 不断 地发力、踢腿，攻击
   duìshǒu.
   对手。

   That tae kwon do athlete continuously built strength in his legs and used kicks to attack his opponents.

3. Tā yīnggāi fāhuī zhíquán de yōushì,   bǎ duìfāng kòngzhì zài
   他 应该 发挥 直拳 的优势，把 对方 控制 在
   jīdǎ fànwéi nèi.
   击打范围内。

   He should make full use of straight punches to control his opponent in his attack range.

4. Nàge táiquándào xuǎnshǒu shànglái jiù gěi duìshǒu yí gè xiàpī,
   那个 跆拳道 选手 上来 就 给 对手 一个下劈，
   kěxī zhège dòngzuò bùgòu   jiānjué.
   可惜 这个 动作 不够 坚决。

   The tae kwon do player gave his opponent an axe kick. However, the action was a little hesitant.

5. Dì-yī chǎng sǎndǎ bǐsài yì kāishǐ, tā jiù tīzhòngle duìfāng
   第一 场 散打比赛一 开始，他 就 踢中了对方
   de tóubù, huòdé liǎng fēn.
   的头部获得 两 分。

   At the start of the Sanshou competition, he kicked his opponent's head and scored 2 points.

6. Zuótiān, róudào bǐsài kāidǎ,   láizì quánguó gèdì de xuǎnshǒu
   昨天，柔道比赛开打，来自 全国 各地的 选手
   zhǎnkāile jīliè de   juézhú.
   展开了激烈的 角逐。

The judo matches began yesterday. Judokas from all over the country engaged in a fierce competition.

7. _{Nǚháizi xuéxué kōngshǒudào yě búcuò, jì néng jiàntǐ yòu néng fángshēn.}
女孩子学学空手道也不错，既能健体又能防身。

It is good for girls to learn karate; it benefits both fitness and self-defense.

8. _{Huòpǔjīnsī sìshíliù suì shí huòdé jīnyāodài, chéngwéile quánjīshǐ shang niánlíng zuì dà de shìjiè qīngzhòngliàngjí quánwáng.}
霍普金斯46岁时获得金腰带，成为了拳击史上年龄最大的世界轻重量级拳王。

Bernard Hopkins won a championship belt at the age of 46, becoming the oldest world light heavyweight champion in boxing history.

9. _{Tā zhèyàng zuò shì wèile rǎoluàn duìfāng de jìngōng jiézòu.}
他这样做是为了扰乱对方的进攻节奏。

He did that to disrupt his opponent's offensive tempo.

10. _{Shuāijiāo bèi gōngrènwéi shì shìjiè shang zuì zǎo de jìngjì tǐyù yùndòng xiàngmù.}
摔跤被公认为是世界上最早的竞技体育运动项目。

Wrestling is regarded as one of the world's oldest form of competitive sport.

11. _{Nǐ xǐhuan kàn quánjī bǐsài ma?}
A: 你喜欢看拳击比赛吗？

Do you like to watch boxing matches?

Quánjī bǐsài yòu cìjī yòu dàijìnr, wǒ hěn xǐhuan.
B1: 拳击比赛又刺激又带劲儿，我很喜欢。

Boxing matches are exciting and exhilarating. I really like them.

Wǒ bú tài xǐhuan, juéde yǒudiǎnr bàolì.
B2: 我不太喜欢，觉得有点儿暴力。

I do not like it and think it is a little violent.

Tā táiquándào jǐ duàn le?
12. A: 他跆拳道几段了？

What rank does he hold in tae kwon do?

Rénjia shì yì míng guójì cáipàn, dōu hēidài jiǔ duàn le.
B1: 人家是一名国际裁判，都黑带九段了。

He is an international referee, so he is a black belt (9th dan).

Tā gānggāng rùmén, hái zhǐshì báidài.
B2: 他刚刚入门，还只是白带。

He just started to learn it, so he is a white belt.

● 词语　**Vocabulary**

序号	词语	拼音	词性	翻译
1	搏击	bójī	动	to fight
2	跆拳道	táiquándào	名	tae kwon do
3	踢腿	tītuǐ	动	to kick
4	攻击	gōngjī	动	to attack

5	直拳	zhíquán	名	straight punch
6	击打	jīdǎ	动	to attack; to hit
7	下劈	xiàpī	名	axe kick
8	散打	sǎndǎ	名	Sanshou
9	柔道	róudào	名	judo
10	角逐	juézhú	动	to compete
11	空手道	kōngshǒudào	名	karate
12	健体	jiàntǐ	动	to strengthen physical health
13	防身	fángshēn	动	to defend oneself
14	腰带	yāodài	名	belt
15	拳击	quánjī	名	boxing
16	重量级	zhòngliàngjí	名	heavyweight
17	拳王	quánwáng	名	boxing champion
18	扰乱	rǎoluàn	动	to disrupt
19	节奏	jiézòu	名	tempo
20	摔跤	shuāijiāo	名	wrestling
21	带劲儿	dàijìnr	形	exhilarating
22	暴力	bàolì	名	violence
23	黑带	hēidài	名	black belt
24	段	duàn	量	dan
25	白带	báidài	名	white belt

Dì-sānshísì Kè Shèjī Shèjiàn
第三十四课 射击 射箭
Lesson 34 Shooting and Archery

1. Shèjī bǐsài shì yǒu shíxiàn de, suǒyǐ guāng shè de zhǔn hái búgòu.
   射击比赛是有时限的,所以光射得准还不够。

   There is a time limit in the shooting competition, so it's not enough for a shooter to just aim accurately.

2. Zuótiān de qìbùqiāng hé qìshǒuqiāng bǐsài dōu zhǎnxiànle shìjiè yīliú shuǐpíng.
   昨天的气步枪和气手枪比赛都展现了世界一流水平。

   Yesterday both the air rifle and air pistol matches demonstrated world-class abilities.

3. Fēidié shèjī xūyào xuǎnshǒu yǒu liánghǎo de pànduànlì, nándù hěn dà.
   飞碟射击需要选手有良好的判断力,难度很大。

   Trap shooting requires the shooters to have good judgment. It is very difficult.

4. Tāmen duì zhěngtǐ shílì bǐ wǒmen qiáng, mànshè、 sùshè xiàngmù wǒmen dōu bú zhàn yōushì.
   他们队整体实力比我们强,慢射、速射项目我们都不占优势。

   Overall their team is very strong. We are at a disadvantage in precision shooting and rapid fire.

5. 看来比赛已经没有太大悬念了，只要他下一轮不脱靶，冠军就是他的了。

It seems that the match is not very suspenseful, as long as he does not miss any shots the next round, the championship is his.

6. 拉弓时，手要拉到靠近下颌的位置再脱弦，这是射箭的基本技巧。

When drawing, the string hand is drawn towards the chin then released. It is a basic archery technique.

7. 他深吸一口气，站位，搭箭，扣弦，似乎已经胸有成竹了。

He took a deep breath, stood in the position, notched the arrow, and pulled the bowstring. He seemed very confident.

8. 你的站位不对，应该分跨或者同时踏在起射线上。

Your stance is wrong. You should position your feet one stride apart or stand with both on the shooting line.

9. 我刚才没听到报环，这一轮的结果怎么样？

I did not hear the scores just now. What were the results of this round?

10. <small>Bù hǎo! Zhè yì fā zhǐ déle sì diǎn qī huán, gāngcái sān lún léijī de yōushì jiǎnshǎodào líng diǎn èr huán le.</small>
    不好!这一发只得了4.7环,刚才3轮累积的优势减少到 0.2 环了。

    Oh no! This shot only receives 4.7 points and the advantage accumulated from 3 previous rounds is reduced to 0.2 points.

11. <small>Nǐ shàngcì qùle shèjī jùlèbù, gǎnjué zěnmeyàng?</small>
    A: 你上次去了射击俱乐部,感觉怎么样?

    You went to the shooting club last time, how was it?

    <small>Tài qímiào le! Wǒ zài jiàoliàn de zhǐdǎo xià yuè dǎ yuè hǎo, hǎoxiàng tǐyàn dàole shénqiāngshǒu de gǎnjué.</small>
    B1: 太奇妙了!我在教练的指导下越打越好,好像体验到了 神枪手 的感觉。

    It was amazing! I shot better under the guidance of my coach. I looked like a sharp shooter.

    <small>Wǒ háishi juéde yǒudiǎnr wēixiǎn, bú tài xǐhuan.</small>
    B2: 我还是觉得有点儿危险,不太喜欢。

    I still think it is a bit dangerous; therefore, I don't like it very much.

12. <small>Wǒ juéde shèjiàn yùndòngyuán lāmǎn gōng de shíhou zīshì zuì měi.</small>
    A: 我觉得射箭 运动员 拉满弓 的时候姿势最美。

I think when the archer is drawing the full bow it looks very graceful.

B1: 对呀!他们屏气凝神瞄准目标,好像空气都凝固了似的。

Exactly! They hold their breath and focus on aiming at the target just like the air is freezing around them.

B2: 你只顾着看姿势了,"外行看热闹",这正是运动员最紧张的时候。

You only care about the posture. The saying goes "laymen are overwhelmed by fun". It is the most nervous time for the archer.

● 词语　Vocabulary

序号	词语	拼音	词性	翻译
1	射击	shèjī	动	to shoot
2	射箭	shèjiàn	动	archery; to shoot an arrow
3	时限	shíxiàn	名	time limit
4	气步枪	qìbùqiāng	名	air rifle
5	气手枪	qìshǒuqiāng	名	air pistol
6	飞碟	fēidié	名	clay pigeon, trap (shoot)
7	判断力	pànduànlì	名	judgment

8	慢射	mànshè	名	precision shooting
9	速射	sùshè	名	rapid fire
10	悬念	xuánniàn	名	suspense
11	脱靶	tuōbǎ	动	to miss the target
12	拉弓	lāgōng	动	to draw (a bow)
13	下颌	xiàhé	名	chin
14	脱弦	tuōxián	动	to release the string
15	站位	zhànwèi	动	to stand in the position
16	搭箭	dājiàn	动	to notch the arrow
17	扣弦	kòuxián	动	to pull the bowstring
18	胸有成竹	xiōngyǒu chéngzhú		confident
19	分跨	fēnkuà	动	to position one's feet one stride apart
20	起射线	qǐshèxiàn	名	shooting line
21	报环	bào huán		to call the score (of shooting)
22	环	huán	量	point (of shooting)
23	神枪手	shénqiāngshǒu	名	sharp shooter
24	满弓	mǎngōng	名	the full draw
25	屏气凝神	bǐngqì-níngshén		to hold breath and focus
26	瞄准	miáozhǔn	动	to aim
27	外行	wàiháng	名	layman

Dì-sānshíwǔ Kè　Qítā
第三十五课 其他
Lesson 35　Other Events

1. *Zuótiān jǔzhòng bǐsài de jiǎngpáibǎng nǐ kànle ma?*
昨天举重比赛的奖牌榜你看了吗?

Did you watch the weightlifting medal tally yesterday?

2. *Xuéxiào chénglìle bàngqiú duì, hái qǐngle zhuānyè jiàoliàn lái zhǐdǎo.*
学校成立了棒球队,还请了专业教练来指导。

The school organized a baseball team and employed a professional coach to instruct.

3. *Zài píhuátǐng zhège xiàngmù zhōng, yùndòngyuán bìxū jùyǒu hěn hǎo de nài suān nénglì.*
在皮划艇这个项目中,运动员必须具有很好的耐酸能力。

In kayaking, the kayaker must be capable of enduring muscle soreness.

4. *Qūgùnqiú de lìshǐ bǐ Àoyùnhuì de lìshǐ hái cháng yìqiān duō nián ne!*
曲棍球的历史比奥运会的历史还长 1000 多年呢!

Hockey's history is about 1000 years longer than that of the Olympics'.

5. *Nàge jījiàn yùndòngyuán biǎoxiàn chūsè, yí gè piàoliang de duǒshǎn yíngdé zhènzhèn hècǎi.*
那个击剑运动员表现出色,一个漂亮的躲闪赢得阵阵喝彩。

The fencer performed very well. His graceful evasion received a burst of applause.

Mǎshù bǐsài xūyào qíshī hé mǎpǐ de mòqì pèihé.
6. 马术比赛需要骑师和马匹的默契配合。

In an equestrian event, jockeys and their horses require a tacit understanding of one another.

Fānchuán bǐsài jì shì xuǎnshǒu jiān tǐnéng、jìnéng de bǐpīn,
7. 帆船比赛既是选手间体能、技能的比拼,
gèng shì zhìhuì de jiàoliàng.
更是智慧的较量。

Yacht racing is a competition of yachtsmen's stamina and skills, as well as a test of their wisdom.

Huánqiú fānchuán dàsài dōu bèi tuīchí liǎng tiān le, dōu shì tiāngōng
8. 环球帆船大赛都被推迟两天了,都是天公
bú zuòměi.
不作美。

The World Yacht Race has been put off for two days due to bad weather.

Huán-Fǎ zìxíngchēsài shì shìjiè shang yǐngxiǎng zuì guǎng、guīmó
9. 环法自行车赛是世界上影响最广、规模
zuì dà、shuǐpíng zuì gāo de zìxíngchē bǐsài.
最大、水平最高的自行车比赛。

The Tour de France is the world's most influential and largest cycling race and displays the highest level of cycling.

Jìngzǒu kě bù zhǐshì zǒu de kuài zhème jiǎndān, hái yào zhùyì
10. 竞走可不只是走得快这么简单,还要注意

shuāng jiǎo bù néng téngkōng.
双 脚不能 腾空。

It is not easy to walk quickly in a walking race. Both of the athlete's feet cannot leave the ground at the same time.

11. A: Wǒ kàndào gǎnlǎnqiú bǐsài shí dōu huì cāi yìngbì zhèng-fǎnmiàn, zhè shì wèi shénme ne?
我看到 橄榄球 比赛时都会猜硬币正反面,这是为 什么呢?

Why do they always toss a coin in an American football game?

B1: Ò, cāizhòng de nà duì kěyǐ juédìng shì xuǎnzé xiān kāiqiú háishi xuǎnzé fángshǒu chǎngdì.
哦, 猜中 的那队可以决定是选择先开球还是选择防守 场地。

Oh, the teams guess will determine who receives the first kick off or which side they will defend.

B2: Wǒ bú tài dǒng gǎnlǎnqiú, nǐ qù wènwen nèiháng ba.
我不太懂 橄榄球,你去问问 内行吧。

I do not understand American football. You should go ask someone who is very knowledgeable about it.

12. A: Wǒ juéde shuǐqiú jiù xiàng shuǐshàng de zúqiú bǐsài.
我觉得水球就像 水上 的足球比赛。

I think that water polo looks like a soccer match in water.

B1: Shì tǐng xiàng de, búguò zài shuǐ li dǎqiú nándù gèng
是挺 像 的,不过在水里打球难度更

dà ba.
大吧。

Yes, it is similar, but it is more difficult to play in water.

B2: 比赛人数不一样，每队各有7个人上场。
(Bǐsài rénshù bù yíyàng, měi duì gè yǒu qī gè rén shàngchǎng.)

They are different in number of players. The playing team consists of seven players.

● 词语　**Vocabulary**

序号	词语	拼音	词性	翻译
1	举重	jǔzhòng	名	weightlifting
2	奖牌榜	jiǎngpáibǎng	名	medal tally
3	棒球	bàngqiú	名	baseball
4	皮划艇	píhuátǐng	名	kayaking
5	耐酸	nài suān		to endure muscle soreness
6	曲棍球	qūgùnqiú	名	hockey
7	击剑	jījiàn	名	fencing
8	躲闪	duǒshǎn	动	to evade
9	喝彩	hècǎi	动	to cheer
10	马术	mǎshù	名	equestrian event
11	骑师	qíshī	名	jockey
12	马匹	mǎpǐ	名	horse
13	帆船	fānchuán	名	yacht

14	体能	tǐnéng	名	stamina
15	技能	jìnéng	名	skill, technique
16	较量	jiàoliàng	动	to compete
17	环法自行车赛	Huán-Fǎ zìxíngchēsài		Tour de France
18	腾空	téngkōng	动	to leave the ground
19	橄榄球	gǎnlǎnqiú	名	football (American)
20	开球	kāiqiú	动	to kick off
21	内行	nèiháng	名	people who are very knowledgeable in some fields
22	水球	shuǐqiú	名	water polo

十三、体育 新闻
UNIT 13 SPORTS NEWS

第三十六课 比赛 进程
Lesson 36 Competition Progress

1. 明天下午进行男子110米栏小组赛,后天先进行半决赛,两小时后进行决赛。

   The group stage for the Men's 110m hurdle race will be held tomorrow afternoon. The semifinals will be held the day after that and two hours later will be the final.

2. NBA总决赛本周即将开战,双方首发阵容已经公布。

   The NBA finals will begin this week. The starting line-up for both sides has been announced.

3. F1新赛季充满了悬念,在揭幕战前,传统强队法拉利队信心满满。

The new season of F1 is full of suspense. Before the opening race, the veteran Ferrari team is full of confidence.

4. _{Wǒ tái tǐyù píndào jiāng xiànchǎng zhíbō Huǒjiàn Duì yǔ Húrén}
   我台体育频道将 现场 直播 火箭队与湖人
   _{Duì zhījiān de jiàoliàng.}
   队之间 的 较量。

The sports channel in our station will broadcast the game between the Rockets and the Lakers live.

5. _{Wèi bǎozhèng gōngpíng jìngzhēng, Àozǔwěi zài xīngfènjì jiāncè}
   为 保证 公平 竞争,奥组委在兴奋剂 监测
   _{fāngmiàn tóurù guò yì.}
   方面 投入 过亿。

To ensure fair competition, OCOG has invested more than 100 million dollars into drug testing and monitoring.

6. _{Yóuyú tāmen duì de zhǔlì duìyuán shòushāng líchǎng, zhǐ néng}
   由于 他们 队 的主力队员 受伤 离场,只能
   _{huànshàng tìbǔ duìyuán.}
   换上 替补队员。

Because their key player was injured, they could only put in their substitute.

7. _{Shìjièbēi juésài hái cónglái méiyǒu chūxiànguo wūlóngqiú.}
   世界杯 决赛还 从来 没有 出现过乌龙球。

There has never been an own goal in the World Cup finals.

8. _{Hǎo, shí'èr hào qǐjiǎo shèmén...   Ài, qiú dǎzàile ménzhù shang!}
   好,十二号起脚射门……唉,球打在了门柱 上!

Yeah, No. 12 is shooting... Ah, the ball struck the goalpost!

9. _{Nàge tǐcāo duìyuán yóuyú jiùshāng fùfā bùdébù qìquán, yǔ jiǎngpái wú yuán.}
那个体操队员 由于 旧伤 复发不得不 弃权，与 奖牌 无缘。

That gymnast had to forfeit due to an old injury and missed the medals.

10. _{Shànghǎi Nǚpái kèchǎng zuòzhàn, dàn shìqì bù jiǎn.}
上海女排 客场 作战，但士气不减。

The Shanghai Women's Volleyball Team is away from home, but their morale is still high.

11. A: _{Zuótiān Huǒjiàn Duì zhǔchǎng yíngzhàn Kǎi'ěrtèrén Duì, bìng yǐ jiǔshísān bǐ qīshíwǔ lìcuò Kǎi'ěrtèrén.}
昨天 火箭队 主场 迎战 凯尔特人队，并 以 93:75 力挫 凯尔特人。

The Rockets played the Celtics yesterday at home and trounced them by 93 to 75.

B1: _{Sīkēlā náxiàle sānshísān fēn shíjiǔ gè lánbǎn, biǎoxiàn tūchū.}
斯科拉拿下了 33 分 19 个 篮板，表现 突出。

Luis Scola had an outstanding performance. He scored 33 points and grabbed 19 rebounds.

B2: _{Zhīhòu de chángguīsài zhōng, Huǒjiàn Duì hái yào miànduì bù shǎo shènglǜ zài bǎi fēnzhī wǔshí yǐshàng de qiángduì.}
之后 的 常规赛 中，火箭队 还要 面对 不少 胜率在 50% 以上的 强队。

During the remainder of the regular season, the Rockets will have to face a lot of strong teams whose winning percentage is over 50%.

Míngtiān língchén de Ōuguàn Liánsài zhōng, Lìwùpǔ jiāng yíngzhàn Huángjiāmǎdélǐ.

12. A: 明天 凌晨 的 欧冠 联赛 中, 利物浦 将 迎战 皇家马德里。

In tomorrow morning's Euroleague match, Liverpool will play Real Madrid.

Ràng wǒmen shìmùyǐdài!

B1: 让 我们 拭目以待!

Let's wait and see!

Lìwùpǔ Duì zhīqián dǎle yì chǎng piàoliang zhàng, xiāngxìn tāmen zhīhòu de biǎoxiàn huì gèng jīngcǎi.

B2: 利物浦队 之前 打了 一场 漂亮 仗, 相信 他们 之后 的 表现 会 更 精彩。

Liverpool played very well before, and I believe their performance will be more exciting after that.

● 词语　Vocabulary

序号	词语	拼音	词性	翻译
1	新闻	xīnwén	名	news
2	小组赛	xiǎozǔsài	名	group stage
3	半决赛	bànjuésài	名	semifinal
4	首发	shǒufā	动	to start
5	揭幕战	jiēmùzhàn	名	opening game
6	强队	qiángduì	名	strong team

7	台	tái	名	station (of TV, radio)
8	频道	píndào	名	channel
9	奥组委	Àozǔwěi	名	OCOG (Organizing Committee for the Olympic Games)
10	兴奋剂	xīngfènjì	名	stimulant drug
11	监测	jiāncè	动	to monitor
12	替补	tìbǔ	动	to substitute
13	乌龙球	wūlóngqiú	名	own goal
14	门柱	ménzhù	名	goalpost
15	复发	fùfā	动	to recrudesce
16	弃权	qìquán	动	to forfeit
17	客场	kèchǎng	名	opponent's ground
18	迎战	yíngzhàn	动	to play against
19	力挫	lìcuò	动	to trounce
20	常规赛	chángguīsài	名	regular season game
21	胜率	shènglǜ	名	winning percentage
22	欧冠联赛	Ōuguàn Liánsài		Euroleague
23	拭目以待	shìmùyǐdài		to wait and see

Dì-sānshíqī Kè Bǐsài Jiéguǒ
第三十七课 比赛 结果
Lesson 37 Competition Results

Yīng-Chāo dì-sānshí'èr lún bǐsài jiéshù le,　Qiè'ěrxī yī bǐ líng
1. 英超 第三十二 轮比赛结束了，切尔西 1∶0

jībài Màn-Lián.
击败 曼联。

The 32nd match of the EPL has ended. Chelsea beat Manchester United by 1 to 0.

2. *Jīnpái huòdézhě yīn fúyòng wéijìn yàopǐn, bèi qǔxiāo chéngjì,*
金牌 获得者 因 服用 违禁 药品，被 取消 成绩，
bìngqiě jìnsài liǎng nián.
并且 禁赛 两 年。

The gold medal winner is disqualified because of his failed drug test and was banned for two years.

3. *Shìjiè Sīnuòkè Zhōngguó Gōngkāisài jiéshù le, Sūgélán xuǎnshǒu*
世界 斯诺克 中国 公开赛 结束了，苏格兰 选手
yǐ shí bǐ bā zhànshèng Yīnggélán xuǎnshǒu.
以 10：8 战胜 英格兰 选手。

The China Open Snooker Championships has ended. The Scottish player defeated the English player by 10 to 8.

4. *Zài Ào-Wǎng bǐsài zhōng, Fǎguó xuǎnshǒu yǐ zǒngbǐfēn sān bǐ líng*
在 澳网 比赛 中，法国 选手 以 总比分 3：0
dàbài duìshǒu, jìnjí bā qiáng.
大败 对手，晋级 八 强。

In the Australian Open, the French player crushed his opponent winning the series 3 to 0, and advanced to the quarterfinals.

5. *Tāmen zài bǐsài zhōng lián shū liǎng chǎng, bèi táotài chūjú.*
他们 在比赛 中 连 输 两 场，被 淘汰 出局。

They lost two straight sets and were eliminated.

6. _{Guó'ào Duì zhànjì bù jiā, zhǐ jìn yì qiú, zhǐbù yú Àoyùnhuì}
国奥队战绩不佳，只进1球，止步于奥运会
_{nánzú xiǎozǔsài.}
男足小组赛。

The national Olympic team did not perform well. They only scored 1 goal, and finished at the group stage of Olympic Men's Soccer.

7. _{Zhōngchǎng xiūxi hòu, tāmen fènqǐ-zhízhuī, zhōngyú hé duìshǒu}
中场休息后，他们奋起直追，终于和对手
_{dáchéngle píngshǒu.}
打成了平手。

After halftime, they caught up fast and tied the opponent.

8. _{Jīntiān shàngwǔ de Mótuō GP páiwèisài jiéshù le, Luóxī}
今天上午的摩托GP排位赛结束了，罗西
_{zuìzhōng páimíng dì-èr.}
最终排名第二。

This morning's Moto GP qualifying ended, and Rossi placed second.

9. _{Zài Shìjiè Huāyàng Huábīng Jǐnbiāosài shang, láizì Déguó de}
在世界花样滑冰锦标赛上，来自德国的
_{xuǎnshǒu chénggōng wèimiǎn.}
选手成功卫冕。

In the World Figure Skating Championships, the German skater successfully defended the title.

10. _{Tā de jiàoliàn zài zuótiān de fābùhuì shang xiàng jìzhě tòulù,}
他的教练在昨天的发布会上向记者透露，
_{tā xià gè sàijì kěnéng fùchū.}
他下个赛季可能复出。

During yesterday's press conference, his coach told reporters that he could make a comeback next season.

11. A: F yī　Yìdàlìzhàn　yǐ　luòxiàle　wéimù,　Màikǎilún　Chēduì
F1意大利站已落下了帷幕,迈凯轮 车队
bāolǎnle　qián liǎng míng, dàhuò-quánshèng.
包揽了 前 两 名,大获全胜。

The F1 Italian Grand Prix has come to a close. McLaren swept the top two spots and achieved a complete triumph.

Tài bàng le!　Guǒrán bùfù-zhòngwàng!
B1: 太 棒 了! 果然 不负众望!

Excellent! That was expected!

Fǎlālì Duì　de　jìngzhēnglì yě　hěn qiáng,　tāmen de
B2: 法拉利队 的 竞争力 也 很 强,他们的
chéngjì zěnmeyàng?
成绩 怎么样?

Ferrari is also a very competitive team. How was their performance?

12. A: Zuótiān　Nàdá'ěr　jīngguòle wǔ pán èzhàn, zhōngyú huòdéle
昨天 纳达尔 经过了五盘恶战, 终于 获得了
Wēn-Wǎng guànjūn.
温网 冠军。

Yesterday after five hard-fought matches Nadal won the Wimbledon title.

Huòdéguo　liǎng cì Wēn-Wǎng yàjūn de　Nàdá'ěr　zhōngyú
B1: 获得过 两 次 温网 亚军的纳达尔 终于

shíxiànle Wēn-Wǎng guànjūnmèng.
实现了 温网 冠军梦。

After being the runner-up twice, he finally realized his dream and won the Wimbledon title.

Nàme zhè cì de yàjūn hé jìjūn shì shéi ne?
B2: 那么 这次 的 亚军 和 季军 是 谁 呢?

So who placed second and third?

● 词语　**Vocabulary**

序号	词语	拼音	词性	翻译
1	击败	jībài	动	to beat (in competition)
2	禁赛	jìnsài	动	to ban from match
3	斯诺克	sīnuòkè	名	snooker
4	公开赛	gōngkāisài	名	open championships
5	澳网	Ào-Wǎng	名	the Australian Open
6	大败	dàbài	动	to crush (in competition)
7	晋级	jìnjí	动	to advance (in competition)
8	淘汰	táotài	动	to eliminate
9	出局	chūjú	动	to be out
10	战绩	zhànjì	名	performance, record
11	止步	zhǐbù	动	to stop
12	奋起直追	fènqǐ-zhízhuī		to catch up fast
13	平手	píngshǒu	名	tie

14	排位赛	páiwèisài	名	qualifying
15	花样滑冰	huāyàng huábīng	名	figure skating
16	发布会	fābùhuì	名	press conference
17	包揽	bāolǎn	动	to sweep
18	大获全胜	dàhuò-quánshèng		to achieve a complete triumph
19	不负众望	búfù-zhòngwàng		to come up to people's expectation
20	竞争力	jìngzhēnglì	名	competitiveness
21	恶战	èzhàn	名	hard-fought match
22	亚军	yàjūn	名	runner-up
23	季军	jìjūn	名	the third prize

Dì-sānshíbā Kè Tǐtán Míngxīng
第 三十八 课 体坛 明星
Lesson 38 Sports Stars

1. Xuǎnzé tǐyù míngxīng dàiyán yǐjīng shì gè dà tǐyù pǐnpái de zhòngyào yíngxiāo cèlüè.
选择体育明星代言已经是各大体育品牌的重要营销策略。

Choosing an athlete to be a spokesperson is an important major sports brand marketing strategy.

2. Tǐyù jiàn'érmen de jīngcǎi biǎoxiàn tǐxiànle "gèng gāo、gèng kuài、gèng qiáng" de Àolínpǐkè jīngshén.
体育健儿们的精彩表现体现了"更高、更快、更强"的奥林匹克精神。

The excellent performance of athletes reflects the Olympic spirit of "Higher, Faster, and Stronger".

3. 中国本土俱乐部想要邀请NBA巨星做外援,但却阻碍重重。

Chinese local clubs face great difficulties in inviting NBA stars to come play overseas.

4. 最后一棒的火炬手李宁凌空绕场一周,点燃了主火炬塔。

Li Ning, the last torchbearer, lit the main cauldron after running around the stadium in the air.

5. 跳水皇后郭晶晶退役后仍备受关注,在某运动品牌发布会一亮相便引起了全场轰动。

The diving queen Guo Jingjing still remains a major item despite her retirement. Her appearance at a press conference of a sports brand created a buzz.

6. 菲尔普斯是第一个在同一届奥运会上获得八枚金牌的运动员。

Michael Phelps is the first swimmer to win eight golden medals in one Olympic Games.

7. _{Bèikèhànmǔ   yǐqián xiàolì yú Yínhé Duì, hòulái zhuǎnhuì dào}
   贝克汉姆 以前效力于 银河队，后来 转会 到
   _{AC   Mǐlán.}
   AC 米兰。

   Beckham played for the LA Galaxy and then moved to AC Millan.

8. _{Yáomíng zài Shànghǎi zhàokāi méitǐ   fābùhuì,   zhèngshì xuānbù}
   姚明 在 上海 召开媒体发布会，正式 宣布
   _{tuìyì.}
   退役。

   Yao Ming held a press conference in Shanghai and formally announced his retirement.

9. _{Chēwáng Shūmǎhè de sàichē biànsùxiāng sǔnhuài,   wúnài   zhǐ néng}
   车王 舒马赫 的 赛车 变速箱 损坏，无奈 只能
   _{tíqián   tuìsài.}
   提前 退赛。

   There is something wrong with the gearbox of F1 King Michael Schumacher's race car. It's a pity that he is out of the race so early.

10. _{Guójì Zúlián niándù bānjiǎng shèngdiǎn shang, Bāxī qiúxīng Kǎkǎ}
    国际足联 年度 颁奖 盛典 上，巴西球星 卡卡
    _{dāngxuǎn shìjiè Zúqiú Xiānsheng.}
    当选 世界足球 先生。

    During FIFA's annual awards ceremony, Brazilian football star Kaka was elected as the FIFA Player of the year.

11. _{Qiánbùjiǔ,   Yáo Míng dāngxuǎnwéi Zhōngguó zuì jù yǐngxiǎnglì}
    A: 前不久，姚 明 当选为 中国 最具 影响力

173

de tǐyù míngxīng.
的体育明星。

Recently, Yao Ming has been elected as the most influential sports star in China.

B1: Nà dāngrán le, tā shì hěn duō rén de ǒuxiàng, zhè shì zhòngwàng-suǒguī!
那当然了,他是很多人的偶像,这是众望所归!

Sure. He is the idol of many people so he truly deserves this award!

B2: Chúle lánqiú shìyè, Yáo Míng hái tóushēn císhàn hé gōngyì shìyè, tā dāngzhī-wúkuì!
除了篮球事业,姚明还投身慈善和公益事业,他当之无愧!

In additional to basketball, Yao Ming has dedicated himself to charitable causes. He deserves it!

12. A: Fēirén Liú Xiáng zài Běijīng Àoyùnhuì yībǎi yīshí mǐ kuàlán kāisài qián yóuyú jiǎoshāng fàngqìle bǐsài.
飞人刘翔在北京奥运会 110 米跨栏开赛前由于脚伤放弃了比赛。

Liu Xiang withdrew because of his foot injury before the start of the 110m hurdle race in Beijing Olympic Games.

B1: Zhēn xīwàng tā nénggòu zǎorì fùchū, chuàngzào gèng duō de qíjì!
真希望他能够早日复出,创造更多的奇迹!

I really hope that he will recover soon and create more miracles!

B2: Xiànzài tā de shāngshì zhèngzài mànman hǎozhuǎn, xiāngxìn yòng bù liǎo duō jiǔ jiù néng huídào sàichǎng.
现在他的伤势正在慢慢好转，相信用不了多久就能回到赛场。

He is gradually recovering from his injury. I believe that he will return to the game soon.

词语　Vocabulary

序号	词语	拼音	词性	翻译
1	体坛	tǐtán	名	sports world
2	健儿	jiàn'ér	名	athlete
3	奥林匹克	Àolínpǐkè	名	Olympic
4	本土	běntǔ	名	local
5	外援	wàiyuán	名	foreign aid
6	火炬手	huǒjùshǒu	名	torchbearer
7	凌空	língkōng	动	to be in the air
8	火炬塔	huǒjùtǎ	名	cauldron
9	轰动	hōngdòng	动	stir; to make a stir
10	效力	xiàolì	动	to play for
11	转会	zhuǎnhuì	动	to move; to transfer
12	媒体	méitǐ	名	press; media
13	车王	chēwáng	名	race king
14	变速箱	biànsùxiāng	名	gearbox

15	退赛	tuìsài	动	to be out of the race; to quit
16	国际足联	Guójì Zúlián	名	FIFA(Fédération Internationale de Football Association)
17	颁奖	bānjiǎng	动	to award
18	盛典	shèngdiǎn	名	grand ceremony
19	足球先生	Zúqiú Xiānsheng		the FIFA Player of the Year
20	影响力	yǐngxiǎnglì	名	influence
21	众望所归	zhòngwàngsuǒguī		to be expected by the general public
22	奇迹	qíjì	名	miracle
23	伤势	shāngshì	名	injury status

十四、中国功夫
UNIT 14 KUNG FU

第三十九课 太极拳
Lesson 39 Tai Chi Chuan

1. 太极拳在中国有着悠久的历史，现在已经成为一种常见的保健运动。

   Tai Chi Chuan has a long history in China and has become a popular workout for many people to keep fit.

2. 武术节在太极拳和太极剑的表演中拉开了帷幕。

   The Martial Arts Festival began with an excellent performance of Tai Chi Chuan and Tai Chi Sword.

3. 太极拳之所以吸引人，是因为它能体现身与心的和谐一致。

   The reason why Tai Chi Chuan is so attractive is

because it represents the harmony between the body and mind.

4. _{Tàijíquán fāzhǎn dào xiànzài yǐjīng xíngchéngle bùshǎo liúpài, nǐ yào xué nǎ yí gè liúpài a?}
太极拳发展到现在已经形成了不少流派,你要学哪一个流派啊?

After a long period of development, Tai Chi Chuan has many different forms. Which form do you want to learn?

5. _{Nǐ zhè jǐ gè Tàijíquán dòngzuò zuò de zhēn búcuò, yíqì-hēchéng.}
你这几个太极拳动作做得真不错,一气呵成。

You perform these couple of Tai Chi Chuan movements pretty well, very coherently.

6. _{Tàijíquán yǒu hěn duō tàolù, měi xué yí gè tàolù jiù děi huā yí duàn shíjiān ne.}
太极拳有很多套路,每学一个套路就得花一段时间呢。

Tai Chi Chuan is practiced in many different types of routines and each of them takes a lot of time to learn.

7. _{Dōu shuō Tàijíquán shì yì zhǒng lǎoshào-jiēyí de quánshù, wǒ zuìjìn yě dǎsuan xuéxue.}
都说太极拳是一种老少皆宜的拳术,我最近也打算学学。

Many people think that Tai Chi Chuan is a fighting style that is suitable for both the young and old. Recently, I have wanted to learn it.

8. 练太极拳的好处很多，不仅可以强身健体，还可以缓解压力。

There are many benefits from practicing Tai Chi Chuan. Not only can we improve our strength and health, but can also release stress.

9. 学习太极拳应该从最基本的步型、手型开始。

We should begin learning Tai Chi Chuan from the basic stances and hand forms.

10. 昨天电视上说，练习太极拳能大大减少因外力造成的身体损伤。

Yesterday on a TV show, it was said that practicing Tai Chi Chuan can dramatically decrease the injuries caused by outside force.

11. A: 我想找个伴儿一起学太极拳，你有兴趣吗？

I'd like to find a Tai Chi Chuan partner. Are you interested?

B1: 我喜欢快节奏的运动，太极拳动作太慢了，不太适合我。

I like fast-paced sports; Tai Chi Chuan is not

suitable for me because it is too slow.

B2: Hǎo a, tīngshuō Tàijíquán néng bāngzhù zhìliáo xīnzàngbìng,
好啊，听说 太极拳能 帮助 治疗心脏病，
wǒ zǎo jiù xiǎng shìshi le.
我早就想试试了。

Well, I've heard that practicing Tai Chi Chuan can help prevent heart disease. I have always wanted to give it a try.

12. A: Nǐ de Tàijíquán dǎ de tài hǎo le, yǒu shénme juéqiào a?
你的太极拳打得太好了，有什么诀窍啊？

You are very good at Tai Chi Chuan, what's your secret?

B1: Liàn de shíhou yào zhùyì hūxī, zhītǐ yào fàngsōng,
练的时候要注意呼吸，肢体要放松，
dòngzuò yào fàngmàn.
动作要放慢。

When you are training in Tai Chi Chuan, you should relax your body and slow down your movements.

B2: Liànxí Tàijíquán yào chízhī-yīhéng, jiānchí cái yǒu xiàoguǒ.
练习太极拳要持之以恒，坚持才有效果。

We should practice Tai Chi Chuan with perseverance or it won't be effective.

● 词语　**Vocabulary**

序号	词语	拼音	词性	翻译
1	功夫	gōngfu	名	**Kung Fu**

2	太极拳	Tàijíquán	名	Tai Chi Chuan
3	保健	bǎojiàn	动	health care
4	武术节	Wǔshùjié	名	Martial Arts Festival
5	太极剑	Tàijíjiàn	名	Tai Chi Sword
6	和谐	héxié	形	harmonious
7	流派	liúpài	名	form, school
8	一气呵成	yíqì-hēchéng		coherent
9	套路	tàolù	名	routine
10	老少皆宜	lǎoshào-jiēyí		suitable for both the young and old
11	拳术	quánshù	名	fighting style
12	强身健体	qiángshēn-jiàntǐ		to improve strength and health
13	压力	yālì	名	stress
14	步型	bùxíng	名	stance
15	手型	shǒuxíng	名	hand forms
16	外力	wàilì	名	outside force
17	损伤	sǔnshāng	动	to injury
18	心脏病	xīnzàngbìng	名	heart disease
19	诀窍	juéqiào	名	secret for success
20	肢体	zhītǐ	名	body
21	持之以恒	chízhī-yǐhéng		persevere

Dì-sìshí Kè Shàolín Wǔshù
第四十课 少林 武术
Lesson 40 Shaolin Wushu

1. Shàolín Wǔshù zài shìjiè shang xiǎngyǒu shèngmíng, xīyǐnle hěn duō wàiguórén lái Zhōngguó guānshǎng、xuéxí.
   少林武术在世界上享有盛名,吸引了很多外国人来中国观赏、学习。

   Shaolin Wushu is renowned all around the world and many foreigners come to China to watch and learn it.

2. Wǒ yìzhí xiǎng qù Shàolín Sì kànkan, nà kě shì Shàolín Wǔshù de fāyuándì.
   我一直想去少林寺看看,那可是少林武术的发源地。

   I have always wanted to visit the Shaolin Temple, which is the birthplace of Shaolin Wushu.

3. Shàolín Wǔshù de zhǒnglèi zhēn duō, bùjǐn yǒu quánshù, háiyǒu gùnshù、jiànshù、qìgōng děngděng.
   少林武术的种类真多,不仅有拳术,还有棍术、剑术、气功等等。

   Shaolin Wushu has many different forms, such as boxing, cudgel, sword, qigong, and so on.

4. Shàolín Wǔshù shì Zhōnghuá mínzú de guībǎo, Zhōngguó Wǔshù de jīngsuǐ.
   少林武术是中华民族的瑰宝,中国武术的精髓。

   Shaolin Wushu is the gem of China as well as the

essence of Chinese Kung Fu.

5. _{Liàn dāo de shíhou yào zhùyì, Shàolín Dāofǎ shì hěn jiǎngjiu}
练刀的时候要注意,少林刀法是很讲究
_{qìshì de.}
气势的。

When we are practicing swords, we should focus on the internal momentum of the blade.

6. _{Shàolín Sì biǎoyǎn tóngzǐgōng de xiǎo héshang zhēn liǎobuqǐ!}
少林寺表演童子功的小和尚真了不起!

Those young monks who performed Kids' Kung Fu in the Shaolin Temple were amazing!

7. _{Wǒ gēge yǐqián zài Shàolín Sì xuéguo Gōngfu, nǐ xià cì lái}
我哥哥以前在少林寺学过功夫,你下次来
_{Zhōngguó, ràng tā jiāo nǐ jǐ zhāo.}
中国,让他教你几招。

My brother has learned some Kung Fu at the Shaolin Temple before. The next time you come to China, I will ask him to teach you a couple moves.

8. _{Shàolín Gōngfu céngjīng yìngyāo dào guówài yǎnchū, ràng hěn duō}
少林功夫曾经应邀到国外演出,让很多
_{guójì yǒurén tànwéiguānzhǐ.}
国际友人叹为观止。

Shaolin Kung Fu has been invited to perform abroad; many foreigners were amazed by it.

9. _{Zhuānggōng、 tiěbìgōng、 páidǎgōng、yǎngōng děng dōu shì Shàolín}
桩功、铁臂功、排打功、眼功等都是少林
_{Wǔshù de jīběngōng.}
武术的基本功。

Shaolin Kung Fu includes many basic skills, such as: stance training, iron arm skills, strikes, and eye training.

10. _{Qiāng shì Zhōngguó gǔdài de bīngqì zhī wáng, Shàolín Sì de}
枪是中国古代的兵器之王,少林寺的
_{qiāngshù yě hěn lìhai.}
枪术也很厉害。

Spear is the king of ancient Chinese weapons; there are masters of the spear in the Shaolin Temple.

11. _{Nǐ zhīdao Shàolín Sì zài nǎli ma?}
A: 你知道少林寺在哪里吗?

Do you know where the Shaolin Temple is?

_{Zhīdao a, wǒ qùguo, jiù zài Hénán Sōng Shān.}
B1: 知道啊,我去过,就在河南嵩山。

Yes, I've been there. It's on Mt. Song, in Henan.

_{Wǒ zhǐ zhīdao Shàolín Sì hěn yǒumíng, dànshì bù zhīdao}
B2: 我只知道少林寺很有名,但是不知道
_{zài shénme dìfang.}
在什么地方。

I only know the Shaolin Temple is very famous but I don't know where it is.

12. _{Nǐ zhīdao Lǐ Liánjié ma?}
A: 你知道李连杰吗?

Do you know Jet Li?

_{Hái yòng shuō ma? Shéi méi kànguo tā yǎn de}
B1: 还用说吗?谁没看过他演的

‘Shàolín Sì’?
《少林寺》?

Of course! Everyone knows *Shaolin Temple*, the film he starred in.

B2: 当然 知道，我 就是 看了 李 连杰 的 电影
Dāngrán zhīdao, wǒ jiùshì kànle Lǐ Liánjié de diànyǐng
才 学 中国 武术 的。
cái xué Zhōngguó Wǔshù de.

Yes. I was so influenced by his films that I started to learn Chinese Kung Fu.

词语　Vocabulary

序号	词语	拼音	词性	翻译
1	少林（武术）	Shàolín (Wǔshù)	名	Shaolin Wushu
2	盛名	shèngmíng	名	high reputation
3	少林寺	Shàolín Sì	名	Shaolin Temple
4	发源地	fāyuándì	名	birthplace
5	棍术	gùnshù	名	cudgel
6	剑术	jiànshù	名	sword
7	气功	qìgōng	名	qigong
8	瑰宝	guībǎo	名	gem
9	精髓	jīngsuǐ	名	essence
10	刀法	dāofǎ	名	art of long-blade
11	气势	qìshì	名	internal momentum
12	童子功	tóngzǐgōng	名	Kids' Kung Fu

13	和尚	héshang	名	monk
14	叹为观止	tànwéiguānzhǐ		be amazed
15	桩功	zhuānggōng	名	stance training
16	铁臂功	tiěbìgōng	名	iron arm skill
17	排打功	páidǎgōng	名	strikes
18	眼功	yǎngōng	名	eye training
19	枪术	qiāngshù	名	spear play
20	嵩山	Sōng Shān	名	Mt. Song

Shíwǔ Yùndòng Xiūxián
十五、运动 休闲
UNIT 15 SPORTS AND LEISURE

Dì-sìshíyī Kè Chénliàn
第四十一课 晨练
Lesson 41 Morning Exercise

1. Zǎoshang pǎobù yǐhòu búyào mǎshàng zuò xiàlái xiūxi, zuìhǎo xiān zuò xiē fàngsōng yùndòng.
早上 跑步 以后不要马上 坐下来休息，最好先做些放松 运动。

Don't sit down immediately after your morning run. You should do some cool-down exercises before sitting down.

2. Měi tiān zài zhège gōngyuán chénliàn de rén hěn duō, tāmen yǒude dǎ Mùlánquán, yǒude liàn Tàijíshàn.
每天在这个公园 晨练的人很多，他们有的打木兰拳，有的练 太极扇。

Many people exercise in this park every morning; some practice Mulan Boxing and others practice Tai Chi Fan.

3. Zǎochen chū tàiyáng hòu kōngqì xīnxiān, zhè shíhou chénliàn bǐjiào hǎo.
早晨 出 太阳 后空气新鲜，这时候 晨练比较好。

It's better to do morning exercises after sunrise when the air is freshest.

4. 你才运动了一会儿就气喘吁吁的，真是缺乏锻炼啊。

You only worked out for a little bit and you are already out of breath. You are so out of shape!

5. 你穿那么多，待会儿运动起来一定会满头大汗的。

You are wearing too much. I bet you will sweat heavily when working out.

6. 晨练前最好做些热身活动，比如压压腿、压压膝、弯弯腰等。

You should do some warm-up exercises before your morning workout, such as stretching your legs, knees, and back.

7. 坚持每天晨练，你就会拥有充沛的精力和健康的身体。

You will become more energetic and have a healthier body if you do morning exercises everyday.

8. 你早上没吃东西。医生说，年纪大了最好

bié kōngfù chénliàn.
别空腹晨练。

You didn't eat anything this morning. The docter said you shouldn't do morning exercise with an empty stomach, especially when you are not as young anymore.

9. Zhōngyī shuō nǐ xīnchén-dàixiè bù hǎo, chénliàn néng cùjìn xuèyè xúnhuán, yīnggāi duì nǐ yǒu bāngzhù.
中医说你新陈代谢不好,晨练能促进血液循环,应该对你有帮助。

The Chinese medical doctor said your metabolism is not that great. Doing morning exercise could stimulate blood circulation; it should work for you.

10. Chénliàn zuìhǎo zhǎo xiē tóngbàn, biān duànliàn biān liáotiān, jì néng huóyuè qìfēn yòu néng xiānghù zhàoyìng.
晨练最好找些同伴,边锻炼边聊天,既能活跃气氛又能相互照应。

It's better to find some partners when working out in the morning. Excrcising and chatting at the same time is more fun and you will be able to take care of each other.

11. Nǐ juéde shénme shíhou duànliàn shēntǐ zuì hǎo?
A: 你觉得什么时候锻炼身体最好?

When do you think is the best time to work out?

Yì tiān zhī jì zàiyú chén, kěndìng shì zǎoshang a.
B1: 一天之计在于晨,肯定是早上啊。

"The best time of the day is the morning." Definitely the morning.

B2: 我觉得傍晚最好，据说傍晚空气质量是一天中最好的。

I think early evening is the best. It's said that the air quality at that time is the best of the day.

12. A: 我爷爷现在每天都坚持晨练。

My grandfather insists on working out every morning.

B1: 你告诉他，有雾的天气可别出去晨练，空气不好，容易引发气管炎。

Please tell him not to work out on foggy days. The air quality is poor and will easily cause bronchitis.

B2: 他最近不是刚出院吗？病刚好别急着去晨练，病情容易反复。

He just got out of the hospital, didn't he? Don't be in a rush to work out right after recovery. You may relapse.

● 词语　Vocabulary

序号	词语	拼音	词性	翻译
1	休闲	xiūxián	动	to have leisure

2	晨练	chénliàn	动	to do exercise in the morning
3	木兰拳	Mùlánquán	名	Mulan Boxing
4	太极扇	Tàijíshàn	名	Tai Chi Fan
5	气喘吁吁	qìchuǎn-xūxū		to be out of breath
6	满头大汗	mǎntóu dàhàn		one's face drenched in sweat; sweat heavily
7	压腿	yā tuǐ		to stretch legs
8	压膝	yā xī		to stretch knees
9	弯腰	wān yāo		to bend over
10	充沛	chōngpèi	形	abundant
11	精力	jīnglì	名	energy
12	空腹	kōngfù	动	to be with an empty stomach
13	新陈代谢	xīnchén-dàixiè		metabolism
14	血液	xuèyè	名	blood
15	循环	xúnhuán	动	to circulate
16	一天之计在于晨	Yì tiān zhī jì zàiyú chén		"The best time of the day is the morning."
17	气管炎	qìguǎnyán	名	bronchitis
18	病情	bìngqíng	名	state of illness
19	反复	fǎnfù	动	to relapse

第四十二课 街头 运动
Lesson 42 Street Sports

1. 跑酷是种新兴的街头运动，不少追求刺激的年轻人都喜欢。

   Parkour is a new street sport. A lot of young people who enjoy excitement love it.

2. 在玩儿滑板前，要先做热身运动，并戴好头盔和护膝。

   Before skateboarding, you should do some warm-up exercises and wear a helmet and knee pads.

3. 听说周末人民广场有特技单车表演，我们一起去看看怎么样？

   I heard that there would be a BMX performance in People's Square this weekend. Shall we go check it out?

4. 我刚开始学轮滑，麻烦你扶着点儿我，我怕摔跤。

   I just started to learn rollerblading. Please support

me by holding me up, I'm afraid of falling.

5. _{Qián、hòulún diǎndìtiào shì tèjì dānchē de jīběn dòngzuò,}
   前、后轮点地跳是特技单车的基本动作，
   _{wánchéng de yàolǐng shì bǎochí pínghéng.}
   完成的要领是保持平衡。

   Bouncing on the front and back wheel is the basic action of BMX; the key is to maintain balance.

6. _{Xiànzài jiēwǔ kě bú shì wǒmen niánqīngrén de zhuānlì, lǎoniánrén}
   现在街舞可不是我们年轻人的专利，老年人
   _{yě kāishǐ tiào jiēwǔ la.}
   也开始跳街舞啦。

   Nowadays, dancing hip hop is not exclusively for young people. The elderly are beginning to do it as well.

7. _{Jiēwǔ shì yí xiàng cānyùxìng、biǎoyǎnxìng、yúlèxìng dōu hěn qiáng}
   街舞是一项参与性、表演性、娱乐性都很强
   _{de yùndòng.}
   的运动。

   Hip hop is a sport full of participation, performance, and entertainment.

8. _{Jiētóu lánqiú shì hěn duō NBA qiúxīng chéngzhǎng de yáolán.}
   街头篮球是很多 NBA 球星成长的摇篮。

   A lot of NBA players grew up playing street basketball.

9. _{Hé zhèngshì lánqiúsài xiāngbǐ, jiētóu lánqiú suíyì de duō, fàng}
   和正式篮球赛相比，街头篮球随意得多，放
   _{ge lánqiújià jiù néng bǐsài le.}
   个篮球架就能比赛了。

Street basketball is more casual than a formal basketball game. It only needs a basketball hoop and the games begin.

10. _{Ài wánr jiētóu yùndòng de niánqīngrén chángcháng gèxìng zhāngyáng,}
爱玩儿街头运动的年轻人常常个性张扬，
_{chuān de yīfu yě hěn dútè.}
穿的衣服也很独特。

Young people who enjoy street sports usually display their personality and wear unique clothing.

11. _{Nǐ lúnhuá wánr de zhēn bàng! Zěnme liàn de a?}
A: 你轮滑玩儿得真棒！怎么练的啊？

You are so good at rollerblading! How do you do that?

_{Bǎochí pínghéng hěn zhòngyào, huáxíng shí yào jiàngdī}
B1: 保持平衡很重要，滑行时要降低
_{shēntǐ zhòngxīn.}
身体重心。

It's crucial to maintain your balance and also lower your center of gravity while skating.

_{Zhùyì huáxíng zīshì, shēntǐ yào bàn dūn, xīgài hé}
B2: 注意滑行姿势，身体要半蹲，膝盖和
_{jiǎohuái yào wānqū.}
脚踝要弯曲。

Pay attention to your skating posture. You should half squat and bend both the knees and ankles.

12. _{Wǒ fāxiàn nǐ zuìjìn duì jiēwǔ hěn gǎn xìngqù a.}
A: 我发现你最近对街舞很感兴趣啊。

I have noticed that you have been really interested

in hip hop these days.

B1: 是的，你知不知道有什么好的街舞教学网站，我想学一学。
Shì de, nǐ zhī bù zhīdao yǒu shénme hǎo de jiēwǔ jiàoxué wǎngzhàn, wǒ xiǎng xué yì xué.

Yeah. Do you know any good websites that teaches hip hop dancing? I want to learn.

B2: 练街舞可以使四肢更协调，你也一起来学吧。
Liàn jiēwǔ kěyǐ shǐ sìzhī gèng xiétiáo, nǐ yě yìqǐ lái xué ba.

Hip hop dancing could improve the coordination of our limbs. Please come join me.

词语　Vocabulary

序号	词语	拼音	词性	翻译
1	街头运动	jiētóu yùndòng		street sports
2	跑酷	pǎokù	名	parkour
3	新兴	xīnxīng	形	new, rising
4	滑板	huábǎn	名	skateboarding
5	头盔	tóukuī	名	helmet
6	护膝	hùxī	名	knee pad
7	特技单车	tèjì dānchē		BMX (Bicycle Motocross)
8	轮滑	lúnhuá	名	rollerblading
9	点地跳	diǎndìtiào	名	to bounce
10	街舞	jiēwǔ	名	hip hop

11	专利	zhuānlì	名	exclusive
12	参与性	cānyùxìng	名	participation
13	表演性	biǎoyǎnxìng	名	performance
14	娱乐性	yúlèxìng	名	entertainment
15	街头篮球	jiētóu lánqiú		street basketball
16	摇篮	yáolán	名	cradle
17	随意	suíyì	形	casual
18	篮球架	lánqiújià	名	basketball stand
19	张扬	zhāngyáng	动	to advocate; to display
20	重心	zhòngxīn	名	center of gravity
21	半蹲	bàn dūn		to half squat
22	脚踝	jiǎohuái	名	ankle
23	四肢	sìzhī	名	limbs
24	协调	xiétiáo	形	coordinating

Dì-sìshísān Kè Hùwài Yùndòng
第 四十三 课　户外　运动
Lesson 43 Outdoor Sports

Qù mòshēng de dìfang pá shān, yídìng yào zhǎo yí gè dāngdì de

1. 去 陌生的地方爬山，一定要找一个当地的

xiàngdǎo.

向导。

When going climbing in unfamiliar areas, you should find a local tour guide.

2. _{Cānjiā hùwài yùndòng yǐqián, wǒmen yào liǎojiě yìxiē jīběn de}
   参加 户外 运动 以前，我们 要 了解 一些 基本的
   _{jíjiù zhīshi.}
   急救知识。

   Before participating in outdoor sports, we should know some basic first aid.

3. _{Tīngshuō Qiāndǎo Hú yǒu piāoliú xiàngmù, wǒmen qù tǐyàn yíxià ba!}
   听说 千岛湖 有 漂流 项目，我们 去 体验一下 吧！

   I heard there is rafting at Qiandao Lake. Let's go give it a try.

4. _{Yì shuāng hǎo de dēngshānxié kěyǐ ràng nǐ zài dēngshān shí qīngsōng}
   一双 好的登山鞋 可以 让 你 在 登山 时 轻松
   _{hěn duō.}
   很 多。

   A good pair of climbing shoes could really make it easier for you when you are mountain climbing.

5. _{Nǐ píngshí yào duō duànliàn, bùrán dēng hǎibá bǐjiào gāo de shān}
   你 平时要 多 锻炼，不然 登 海拔比较 高 的 山
   _{shí huì tǐlì bùzhī de.}
   时 会 体力 不支 的。

   You should work out more; otherwise, you won't have enough strength when climbing high mountains.

6. _{Búyào wàngle bǎ lājī dàixià shān, wǒmen yào zuò huánbǎo de}
   不要 忘了把 垃圾 带下 山，我们 要 做 环保的
   _{dēngshānzhě.}
   登山者。

   Don't leave your trash on the mountain when

climbing. We climbers should be friendly to the environment.

7. Wèile fángzhǐ zài yěwài mílù, nǐ zuìhǎo dàishàng dìtú hé zhǐnánzhēn.
为了防止在野外迷路,你最好 带上地图和指南针。

You should bring a map and a compass to avoid losing your way in the wild.

8. Zhōumò qù yěyíng, zhàngpeng hé qūwénshuǐ dōu yào dàihǎo.
周末 去 野营,帐篷 和驱蚊水都要带好。

We're going camping this weekend. Please bring a tent and mosquito repellent.

9. Zhèli bèifēng, érqiě dìmiàn píngtǎn, wǒmen jiù zài zhèli zhāyíng ba.
这里背风,而且地面平坦,我们就在这里扎营吧。

Here is a shielded flat area. Let's pitch the tent here!

10. Qiánshuǐ zhīqián, yídìng yào zhǎngwò yìxiē chángyòng de qiánshuǐ shǒushì.
潜水之前,一定要掌握一些常用的潜水手势。

You should definitely know some common gestures before diving.

11. Wǒ zhǔnbèi qù bēibāo lǚxíng yí gè yuè, xiǎng bù xiǎng jiārù a?
A: 我准备去背包旅行一个月,想不想加入啊?

I'm going backpacking for one month. Would you like to join me?

B1: 好啊，我还认识其他一些"驴友"，可以叫上他们。

Sure. I know some other tour pals. We can ask them, too.

B2: 太好了，我下个月休假，正想出去走走呢!

Wonderful! I will be on vacation next month and was planning to go out.

12. A: 你喜欢哪种户外运动？

Which outdoor sports do you like most?

B1: 我最喜欢夏天到海边去冲浪，既凉快又刺激。

My favorite is surfing in the summer; it is cool and exciting.

B2: 我觉得定向越野最有意思，它可以培养我们野外生存的技能。

I think orienteering is the most interesting. It can train our skills to survive in the wild.

词语　Vocabulary

序号	词语	拼音	词性	翻译
1	爬山	pá shān		to climb mountains
2	向导	xiàngdǎo	名	guide
3	急救	jíjiù	动	to give first aid
4	漂流	piāoliú	动	to drift; to raft
5	登山鞋	dēngshānxié	名	climbing shoes
6	登山	dēngshān	动	to climb mountains
7	海拔	hǎibá	名	elevation
8	体力	tǐlì	名	strength
9	不支	bùzhī	动	to be lack of (strength)
10	环保	huánbǎo	形	friendly to the environment
11	迷路	mílù	动	to lose one's way
12	地图	dìtú	名	map
13	指南针	zhǐnánzhēn	名	compass
14	野营	yěyíng	动	to camp out
15	帐篷	zhàngpeng	名	tent
16	驱蚊水	qūwénshuǐ	名	mosquito repellent
17	背风	bèifēng	动	to be out of the wind
18	扎营	zhāyíng	动	to pitch a tent
19	潜水	qiánshuǐ	动	to dive
20	背包旅行	bēibāo lǚxíng		backpacking
21	驴友	lǘyǒu	名	tour pal
22	冲浪	chōnglàng	动	to surf

| 23 | 凉快 | liángkuai | 形 | cool |
| 24 | 定向 | dìngxiàng | 动 | to orient; oriented |

Dì-sìshísì Kè Jíxiàn Yùndòng
第四十四课 极限 运动
Lesson 44 Extreme Sports

1. Wǒ hái méi qùguo jíxiàn yùndòng zhǔtí gōngyuán ne, wǒmen qù kànkan ba.
我还没去过极限运动主题公园呢，我们去看看吧。

I have never been to an extreme sports theme park before. Let's go check it out.

2. Tiàosǎn jì jīngxiǎn yòu yǒu tiǎozhànxìng, suǒyǐ dàjiā dōu jiào tā "yǒnggǎnzhě de yùndòng".
跳伞既惊险又有挑战性，所以大家都叫它"勇敢者的运动"。

Parachute jumping is both thrilling and challenging. Many people call it "a sport for the brave".

3. Gāng xué huáshuǐ de rén bìxū chuānshàng jiùshēngyī, zhè shì chángshí.
刚学滑水的人必须穿上救生衣，这是常识。

It is common sense that someone who is just learning to water ski should wear a life jacket.

4. Bèngjí de shíhou yào chuān tiēshēn yìdiǎnr de yīfu, bìmiǎn zǒuguāng.
蹦极的时候要穿贴身一点儿的衣服，避免走光。

When we go bungee jumping, we should wear tight clothing to avoid embarrassing moments, such as unintentionally exposing ourselves.

5. *Wǒ yǒu kǒnggāozhèng, yí dào gāodiǎnr de dìfang jiù tóuyūn-mùxuàn, suǒyǐ bù néng wánr huáxiángsǎn.*
我有恐高症，一到高点儿的地方就头晕目眩，所以不能玩儿滑翔伞。

I have acrophobia. When standing on high positions, I feel dizzy. Therefore, I cannot go paragliding.

6. *Jíxiàn yùndòng duì shēntǐ sùzhì yāoqiú hěn gāo, yǒu xīnzàngbìng de rén bù néng cānjiā.*
极限运动对身体素质要求很高，有心脏病的人不能参加。

Extreme sports are very physically demanding. People who have heart problems cannot take part in them.

7. *Bèngjí shì yí xiàng wēixiǎnxìng bǐjiào gāo de yùndòng, nǐ zuìhǎo mǎi yí fèn bǎoxiǎn.*
蹦极是一项危险性比较高的运动，你最好买一份保险。

Bungee jumping is a high risk sport, you should purchase an insurance policy.

8. *Hěn duō rén xǐhuan pānyán shì yīnwèi tā néng duànliàn shǒubì lìliàng.*
很多人喜欢攀岩是因为它能锻炼手臂力量。

The reason why many people love rock climbing is because it can strengthen the arm muscles.

9. _{Làng yuè gāo chōnglàng yuè cìjī, dàn yě yuè wēixiǎn.}
浪越高 冲浪 越刺激,但也越危险。

The higher the waves are the more exciting surfing is, but it may also be more dangerous.

10. _{Zìxíngchē pānpá bù néng yòng pǔtōng de zìxíngchē, nǐ děi qù}
自行车攀爬不能用普通的自行车,你得去
_{mǎi zhuānyòng zìxíngchē.}
买 专用 自行车。

You can not ride a regular bike to climb. You should buy a specialized one.

11. _{Xiànzài jíxiàn yùndòng yuèláiyuè shòu huānyíng la!}
A: 现在极限运动 越来越受 欢迎 啦!

Extreme sports are becoming more and more popular!

_{Shì de, dàn háishi kàn de rén duō, wánr de rén shǎo.}
B1: 是的,但还是看的人多,玩儿的人少。

Yes. But the majority of people just watch and admire it, not take part in it themselves.

_{Méicuò, xiànzài rénmen yuèláiyuè xǐhuan cìjī de}
B2: 没错,现在人们 越来越喜欢刺激的
_{yùndòng le.}
运动 了。

Exactly! More and more people are starting to enjoy these sports full of excitement.

12. _{Nǐ xiǎng tǐyàn yíxià jíxiàn yùndòng ma?}
A: 你想 体验一下极限 运动 吗?

Do you want to give extreme sports a try?

B1：我胆子比较小，不敢轻易尝试。

I am a little timid. I wouldn't dare to try it.

B2：这个周末我就要去玩儿直排轮，是朋友推荐我尝试的。

I'd like to go rollerblading this weekend. My friends recommended it to me.

● 词语　Vocabulary

序号	词语	拼音	词性	翻译
1	极限运动	jíxiàn yùndòng		extreme sports
2	主题公园	zhǔtí gōngyuán		theme park
3	跳伞	tiàosǎn	名	parachute jumping
4	惊险	jīngxiǎn	形	thrilling
5	挑战性	tiǎozhànxìng	名	challenging
6	滑水	huáshuǐ	动	to water ski
7	救生衣	jiùshēngyī	名	life jacket
8	蹦极	bèngjí	名	bungee jumping
9	贴身	tiēshēn	形	tight-fitting
10	走光	zǒuguāng	动	to expose oneself unintentionally
11	恐高症	kǒnggāozhèng	名	acrophobia
12	头晕目眩	tóuyūn-mùxuàn		dizzy
13	滑翔伞	huáxiángsǎn	名	paragliding

14	身体素质	shēntǐ sùzhì		physical state
15	危险性	wēixiǎnxìng	名	risk, danger
16	攀岩	pānyán	名	rock-climbing
17	攀爬	pānpá	动	to climb
18	胆子	dǎnzi	名	courage
19	直排轮	zhípáilún	名	rollerblading

Shíliù　Yùndòng　Ānquán
十六、运动 安全
UNIT 16　SPORTS SAFETY

Dì-sìshíwǔ Kè　Yùfáng Yùndòng Sǔnshāng
第四十五课　预防　运动　损伤
Lesson 45　Preventing of Sports Injuries

1. Yǒu gāoxuèyā、guānxīnbìng de rén hěn duō yùndòng dōu bú shìhé cānjiā.
   有 高血压、冠心病 的人 很 多 运动 都 不 适合 参加。

   Many kinds of sports are not suitable for people who suffer from high blood pressure and coronary disease to try.

2. Nǐ jiǎoshāng hái méi hǎo jiù qù tīqiú, liúxià hòuyízhèng zěnme bàn?
   你 脚伤 还 没 好 就 去 踢球,留下 后遗症 怎么 办?

   You shouldn't play soccer because your foot injury hasn't fully healed yet. What would you do if there are any lingering effects?

3. Nǐ qù wánr shuānggàng dehuà yào dàishàng shǒutào, bùrán shǒu shang hěn kuài jiù huì móchū shuǐpào de.
   你 去 玩儿 双杠 的话 要 戴上 手套,不然 手 上 很 快 就 会 磨出 水疱 的。

   You should put on your gloves if you are going to play on the parallel bars. Otherwise, you will get blisters on your hands easily.

4. Rúguǒ qù hùwài yóuyǒng, zuìhǎo duō cā diǎnr fángshuǐ de fángshàishuāng, kěyǐ fángzhǐ pífū shàishāng.
如果去户外游泳,最好多擦点儿防水的防晒霜,可以防止皮肤晒伤。

You should wear waterproof sunscreen to prevent your skin from getting a sunburn if you go swimming outdoors.

5. Dàjiā yào hélǐ ānpái xùnliàn nèiróng, bìmiǎn yùndòngliàng guò dà, zàochéng sǔnshāng.
大家要合理安排训练内容,避免运动量过大,造成损伤。

We should properly arrange the training programs to prevent over-exercising; which could result in injury.

6. Jùliè yùndòng zhīqián yào xiān lāla rèndài, rère shēn, jǐnliàng bìmiǎn shòushāng.
剧烈运动之前要先拉拉韧带,热热身,尽量避免受伤。

You should stretch and do some warm up exercises before doing strenuous exercises to prevent injuries.

7. Xùnliàn shí búyào fēnsàn zhùyìlì, hěn róngyì shòushāng de.
训练时不要分散注意力,很容易受伤的。

You should pay special attention to the training. Otherwise, you will get hurt easily.

8. Jiàoliàn shuō, Xiǎo Wáng jījiàn cuòshāng shì yīnwèi tā zài xùnliàn shí
教练说,小王肌腱挫伤是因为他在训练时

dòngzuò bú dàowèi.
动作不到位。

The coach said, "The reason why Xiao Wang bruised his tendon is that he didn't perform the correct movements during training."

9. Bié miǎnqiǎng zìjǐ, nǐ jīntiān de xùnliàn qiángdù yǐjīng gòu dà le, tài píláo le yě bù hǎo.
别勉强自己,你今天的训练强度已经够大了,太疲劳了也不好。

Don't force yourself. You are training too hard today, it is not good to wear yourself out.

10. Tā píngshí hěn shǎo yùndòng, jīntiān yíxiàzi zuò jùliè yùndòng, jiéguǒ jīròu sǔnshāng le.
他平时很少运动,今天一下子做剧烈运动,结果肌肉损伤了。

He seldom exercises, today he did some strenuous training. As a result, he injured his muscle.

11. A: Wǒ huáiguānjié céngjīng niǔshāngguo, zài yǐhòu de xùnliàn zhōng wǒ gāi zěnme bǎohù zìjǐ ne?
我踝关节曾经扭伤过,在以后的训练中我该怎么保护自己呢?

I sprained my ankle before. How should I protect myself the next time I exercise?

B1: Nǐ píngshí yào jiāqiáng xiǎotuǐ yǔ jiǎobù jīròu de duànliàn, zhèyàng néng zēngqiáng huáiguānjié de wěndìngxìng.
你平时要加强小腿与脚部肌肉的锻炼,这样能增强踝关节的稳定性。

You should increase the training of your calf and

foot muscles which can enhance the stability of your ankle.

Nǐ kěyǐ dàishàng hùhuái huò bǎngshàng tánlì bēngdài, bǎohù huáiguānjié.
B2: 你可以戴上护踝或绑上弹力绷带，保护踝关节。

You should put on ankle pads or elastic bandages to protect your ankle.

12. Jiàoliàn, wǒ zuótiān xùnliàn de shíhou yòu bǎ tuǐbù jīròu gěi lāshāng le, wǒ gāi zěnme bìmiǎn ne?
A: 教练，我昨天训练的时候又把腿部肌肉给拉伤了，我该怎么避免呢？

Sir, yesterday I strained my leg muscles again during training. How can I prevent this problem?

Píngshí kěyǐ duō zuò yìxiē néng jiāqiáng tuǐbù jīròu lìliàng de yùndòng.
B1: 平时可以多做一些能加强腿部肌肉力量的运动。

Do more leg exercises which can enhance your leg's muscles strength.

Búyào zìjǐ mángmù xùnliàn, zuò fùhèliàng gāo de yùndòng shí, gèng yào zhǎo rén zài shēnbiān bǎohù.
B2: 不要自己盲目训练，做负荷量高的运动时，更要找人在身边保护。

Don't do exercises blindly. Find someone to spot you when doing high load exercises.

词语　Vocabulary

序号	词语	拼音	词性	翻译
1	预防	yùfáng	动	to prevent
2	高血压	gāoxuèyā	名	high blood pressure
3	冠心病	guānxīnbìng	名	coronary disease
4	后遗症	hòuyízhèng	名	sequela, lingering effect
5	水疱	shuǐpào	名	blister
6	防晒霜	fángshàishuāng	名	sunscreen
7	韧带	rèndài	名	ligament
8	注意力	zhùyìlì	名	attention
9	肌腱	jījiàn	名	tendon
10	挫伤	cuòshāng	动	to bruise
11	勉强	miǎnqiǎng	动	to force
12	训练强度	xùnliàn qiángdù		training intensity
13	剧烈	jùliè	形	strenuous
14	踝关节	huáiguānjié	名	ankle (joint)
15	扭伤	niǔshāng	动	to sprain
16	稳定性	wěndìngxìng	名	stability
17	护踝	hùhuái	名	ankle pads
18	弹力	tánlì	名	elasticity
19	绷带	bēngdài	名	bandage
20	盲目	mángmù	形	blind
21	负荷量	fùhèliàng	名	load

Dì-sìshíliù Kè Yìngjí Chǔlǐ
第四十六课 应急 处理
Lesson 46 Emergency Response

1. *Wǒ shǒu cāshāng liú xiě le, nǐ yǒu hóngyàoshuǐ ma?*
   我手擦伤流血了,你有 红药水 吗?

   My hand was grazed and the wound is bleeding. Do you have some merbromin?

2. *Bié dòng, nǐ hěn kěnéng shì rèndài sīliè le, xiān zhǎo bīngkuài lěngfū yíxià, wǒ mǎshàng sòng nǐ qù yīyuàn.*
   别动,你很 可能 是 韧带 撕裂了,先找 冰块 冷敷一下,我马上 送你去医院。

   Don't move. You may have a torn ligament. Apply a cold compress with ice on it first, I will send you to a hospital immediately.

3. *Yùndòngchǎng tài rè le, hǎo duō rén dōu zhòngshǔ le, kuài ràng dàjiā dào yīnliáng de dìfang qù ba.*
   运动场 太热了,好多人都 中暑了,快让 大家到阴凉 的 地方 去吧。

   It's too hot at the playground. Many people are getting sunstroke. Let them go into the shade.

4. *Guānjié niǔshāng hòu, yào bǎ niǔshāng de bùwèi diàngāo, xiān lěngfū liǎng dào sān tiān hòu zài rèfū.*
   关节 扭伤 后,要把 扭伤 的 部位 垫高,先冷敷 两到三天后再热敷。

   Raise up the joint after it's been sprained. Apply cold compresses for two or three days and then apply hot packs.

5. _{Nǐ kàn nǐ, jiǎohuái dōu zhǒng le, wǒ yòng lěng máojīn gěi nǐ fūfu ba.}
你看你，脚踝都肿了，我用冷毛巾给你敷敷吧。

Look! Your ankle swelled up. Let me use a cold towel to compress it.

6. _{Yídàn tuōjiù, yào bǎochí lěngjìng, bù néng huódòng, bǎ tuōjiù bùwèi gùdìnghǎo hòu mǎshàng jiùyī.}
一旦脱臼，要保持冷静，不能活动，把脱臼部位固定好后马上就医。

Keep calm and don't move if you have a dislocation. Support the dislocation and go to the hospital immediately.

7. _{Wànyī fāshēng gǔzhé, yīng xiān jiùdì-qǔcái, gùdìng shòushāng bùwèi.}
万一发生骨折，应先就地取材，固定受伤部位。

Use anything you can find around you to support your injured area in case of fracture.

8. _{Tā de xīgài cāpò le, xiān yòng wǒ de kuàngquánshuǐ qīngxǐ yíxià shāngkǒu, gǎnkuài fú tā qù yīwùshì ba!}
他的膝盖擦破了，先用我的矿泉水清洗一下伤口，赶快扶他去医务室吧！

He grazed his knee. Rinse the wound with my mineral water first and help him get to the clinic.

9. _{Yǒu rén nìshuǐ xiūkè le, shéi huì zuò xiōngwài jǐyā huò réngōng hūxī?}
有人溺水休克了，谁会做胸外挤压或人工呼吸？

Somebody almost drowned and went into shock. Who can perform chest compression or artifical respiration (CPR)?

10. Zhè zhǐshì gè xiǎo shāngkǒu, bù yánzhòng, tiē gè chuāngkětiē jiù hǎo le.
这只是个小伤口,不严重,贴个创可贴就好了。

It's just a small wound and not serious. A plaster will help.

11. Zuótiān yǒu gè yùndòngyuán zài chángpǎo guòchéng zhōng yūndǎo le, dàjiā xià de dōu bù zhīdao gāi zěnme bàn le.
A: 昨天有个运动员在长跑过程中晕倒了,大家吓得都不知道该怎么办了。

An athlete fainted during a long-distance race. Everyone was too shocked to do anything.

B1: Yīnggāi ràng tā yǎngwò, tuǐ táigāo, jiěkāi yīlǐng, bǎ tā de tóu zhuǎnxiàng yībiān, bǎochí hūxī chùnchàng.
应该让他仰卧,腿抬高,解开衣领,把他的头转向一边,保持呼吸顺畅。

Someone should make him lie on his back, elevate his legs, undo his collar, turn his head to one side, and keep him breathing well.

B2: Kěyǐ ànyā rénzhōng, huòzhě zuò réngōng hūxī.
可以按压人中,或者做人工呼吸。

Someone could press his philtrum or perform CPR.

12. Wǒ zài yóuyǒng shí jīngcháng huì chōujīn, yǒu shénme
A: 我在游泳时经常会抽筋,有什么

jiějué de bànfǎ ma?
解决 的 办法吗?

I often get cramps when I swim. Could you give me some advice to address this problem?

Rúguǒ bù néng mǎshàng huīfù, yòu lí ànbiān jiào yuǎn,
B1: 如果 不能 马上 恢复, 又 离 岸边 较远,
nǐ yīnggāi lìkè hūjiù, bìmiǎn qiāngshuǐ huò nìshuǐ.
你 应该 立刻 呼救, 避免 呛水 或 溺水。

If the cramp didn't stop shortly and you were far from shore, you should ask for help immediately to prevent choking on water or drowning.

Rúguǒ kàojìn ànbiān, nǐ yīnggāi mǎshàng shàng'àn bìng
B2: 如果 靠近 岸边, 你 应该 马上 上岸 并
ànmó chōujīn bùwèi.
按摩 抽筋部位。

If you were close to the shore, you should go ashore right away and massage your cramped muscle.

● 词语　Vocabulary

序号	词语	拼音	词性	翻译
1	应急	yìngjí	动	emergency; to meet an urgent need
2	擦伤	cāshāng	动	to graze
3	流血	liú xiě	动	to bleed
4	红药水	hóngyàoshuǐ	名	merbromin
5	撕裂	sīliè	动	to tear
6	冷敷	lěngfū	动	to apply cold compresses

7	中暑	zhòngshǔ	动	to get sunstroke
8	垫高	diàngāo		to raise up
9	热敷	rèfū	动	to apply hot packs
10	肿	zhǒng	动	to swell up
11	脱臼	tuōjiù	动	to dislocate
12	就医	jiùyī	动	to go to hospital
13	骨折	gǔzhé	动	to fracture
14	就地取材	jiùdì-qǔcái		to use anything you can find around you
15	矿泉水	kuàngquánshuǐ	名	mineral water
16	伤口	shāngkǒu	名	wound
17	医务室	yīwùshì	名	clinic
18	溺水	nìshuǐ	动	to drown
19	休克	xiūkè	动	to faint
20	胸外挤压	xiōngwài jǐyā		chest compression
21	人工呼吸	réngōng hūxī		artificial respiration
22	创可贴	chuāngkětiē	名	plaster
23	晕倒	yūndǎo	动	to fall in a faint
24	仰卧	yǎngwò	动	to lie on one's back
25	人中	rénzhōng	名	philtrum
26	呼救	hūjiù	动	to ask for help

第四十七课 看 医生
Lesson 47 Seeing a Doctor

1. 医生,我运动之后经常肩关节疼,是什么原因呢?

   Doctor, why do I always feel pain in my shoulder joint after sports?

2. 我打球的时候摔倒了,腿上有很大一块瘀青,该怎么办?

   When I was playing basketball, I fell down and heavily bruised my leg. What should I do?

3. 今天爬山的时候,我一直感到头晕想吐,是高原反应吗?

   When I was climbing the mountain, I was dizzy and felt like throwing up. Were those the symptoms of altitude sickness?

4. 我的手腕软骨损伤,会不会留下后遗症?

   I damaged the cartilage in my wrist. Will it have a lingering effect?

5. Nǐ zuìhǎo xiān qù pāi X guāng piàn, gǔliè dehuà jiù yào dǎ shígāo le.
你最好先去拍X光片,骨裂的话就要打石膏了。

You should get an X-ray first. If you have a hairline fracture, you should have a plaster cast put on.

6. Nǐ zuìjìn tuōfà zhème lìhai, kěnéng shì yīnwèi yǒngchí li de xiāodúyè shānghàile nǐ de tóufa.
你最近脱发这么厉害,可能是因为泳池里的消毒液伤害了你的头发。

Recently, you have been losing a lot of hair. The antiseptic liquid in the swimming pool may have damaged your hair.

7. Nǐ de shǒuwàn jīngcháng shòushāng, xiànzài yǐjīng xíngchéngle xíguànxìng tuōjiù, yǐhòu yào xiǎoxīn.
你的手腕经常受伤,现在已经形成了习惯性脱臼,以后要小心。

You injure your wrist often and now it results in repeat dislocations. You should be more careful.

8. Zhè yào yì tiān chī sān cì, yí cì sān piàn.
这药一天吃三次,一次三片。

Please take three tablets three times a day.

9. Nǐ yǒu chuāngshāngxìng guānjiéyán, bú jiànyì nǐ zuò jùliè yùndòng.
你有创伤性关节炎,不建议你做剧烈运动。

You have traumatic arthritis. I don't recommend you to participate in any strenuous exercises.

10. 你回去后要好好休息，按时吃药，祝你早日康复。

After you go back home, you should rest up and take your medicine on time. Hope you get well soon.

11. A: 我在打篮球时把小指戳伤了。

I jammed my pinkie finger when I was playing basketball.

B1: 还好没有骨折，放心吧，没事的。

Fortunately, your pinkie finger wasn't broken. Take it easy. It's okay.

B2: 你的小指已经变形了，恐怕需要做复位手术。

Your pinkie finger is messed up! I'm afraid you need corrective surgery.

12. A: 你腰部扭伤了，挺严重的，需要好好休息。

Your lumbar sprain is severe; you need to get some rest.

B1: 医生，那下个月我能康复吗？我有一

gè hěn zhòngyào de bǐsài yào cānjiā.
个很重要的比赛要参加。

Doctor, will I be able to recover next month? I have a very important match to compete in.

Nà nín gěi wǒ kāi diǎnr yào ba, zhè xià wǒ děi zài jiā xiūxi yí duàn shíjiān le.
B2：那您给我开点儿药吧，这下我得在家休息一段时间了。

Please give me some medicine. I think I need to stay home and get some rest.

词语　Vocabulary

序号	词语	拼音	词性	翻译
1	肩关节	jiānguānjié	名	shoulder joint
2	瘀青	yūqīng	名	bruise
3	头晕	tóu yūn		dizzy
4	吐	tù	动	to vomit; to throw up
5	高原反应	gāoyuán fǎnyìng		altitude sickness
6	手腕	shǒuwàn	名	wrist
7	软骨	ruǎngǔ	名	cartilage
8	X光片	X guāng piàn	名	X-ray film
9	骨裂	gǔliè	动	hairline fracture
10	石膏	shígāo	名	plaster cast
11	脱发	tuōfà	动	to lose one's hair
12	消毒液	xiāodúyè	名	antiseptic liquid
13	习惯性	xíguànxìng	形	repeat, recurrent

14	创伤性	chuāngshāngxìng	形	traumatic
15	关节炎	guānjiéyán	名	arthritis
16	康复	kāngfù	动	to recover
17	戳伤	chuōshāng	动	to be jammed
18	变形	biànxíng	动	to distort; to change shape
19	复位	fùwèi	动	to reset
20	手术	shǒushù	名	surgery, operation

Dì-sìshíbā Kè Shānghòu Bǎoyǎng
第四十八课 伤后 保养
Lesson 48 Rehabilitation after Injury

1. Huí jiā yǎng shāng qījiān nǐ yào bǎochí lèguān de xīntài, zhǔdòng pèihé yīshēng de zhìliáo.
回家养伤期间你要保持乐观的心态,主动配合医生的治疗。

When you are nursing your wound at home, you need to be optimistic and should cooperate with your doctor's treatment for your own good.

2. Měi tiān duō chī diǎnr ròu、dàn hé dòulèi děng gāodànbái shíwù, duì shāngkǒu yùhé dà yǒu hǎochù.
每天多吃点儿肉、蛋和豆类等高蛋白食物,对伤口愈合大有好处。

You should eat more protein-rich foods such as meat, eggs, or beans. These foods are good for your healing process.

3. 你还没拆线,不能洗澡,我帮你擦一擦吧。

You haven't had your stitches removed yet, so you cannot take a shower. Let me help clean you up.

4. 俗话说"伤筋动骨一百天",你别太心急,得保证足够的休息时间。

As an old saying goes, "if you are injured in the sinews or bones, you will need 100 days to recover completely." So you should be patient and assure that you have enough time to fully rest.

5. 你要听医生的话,安心静养,身体痊愈了才能继续打篮球。

You should obey the doctor's suggestion, put aside your worries and rest up. You cannot play basketball again until you fully recover.

6. 你疗养了一段日子后,就可以适当地做一些康复性训练了。

After a period of recuperation, you should do some physical therapy.

7. 你还是听医生的话,按时吃药,不要相信那些所谓的偏方、秘方。

You should listen to the doctor's suggestion and take your medicine on time. Don't believe those so called home remedies or secret prescriptions.

8. _{Yīshēng yào wǒ dìngqī qù yīyuàn fùchá, shuō zhèyàng kěyǐ}
   医生要我定期去医院复查,说这样可以
   _{jíshí liǎojiě wǒ de huīfù qíngkuàng.}
   及时了解我的恢复情况。

My doctor asked me to go to the hospital to get regular check-ups, so he could keep an eye on my recovery status.

9. _{Zài xiūyǎng huīfù qījiān yào bìmiǎn jùliè huódòng, fángzhǐ bìngqíng}
   在休养恢复期间要避免剧烈活动,防止病情
   _{fùfā.}
   复发。

During recuperation, one should avoid strenuous activity in order to prevent any recurrences.

10. _{Fùjiàn xùnliàn shí, yùndòngliàng de zēngjiā yào xúnxù-jiànjìn, hái}
    复健训练时,运动量的增加要循序渐进,还
    _{děi zhùyì duì shāngchù de bǎohù.}
    得注意对伤处的保护。

During physical therapy, you should gradually increase the amount of exercise and take care of your wounds.

11. _{Wǒ niǔshāng de dìfang dào xiànzài hái huì téng, zěnme bàn ya?}
    A: 我扭伤的地方到现在还会疼,怎么办呀?

    My sprain still hurts. What should I do?

    _{Nǐ kěyǐ yòng xiē wàiyòngyào lái jiǎnqīng téngtòng, bǐrú}
    B1: 你可以用些外用药来减轻疼痛,比如

Yúnnán Báiyào、hónghuāyóu děng.
云南 白药、红花油 等。

You can apply some medicine for external use to ease the pain, such as Yunnan White Medical Powder or safflower oil.

B2: Nǐ ànshí huàn yào le ma? Shíjiān chángle yàoxiào jiù méi le.
你按时换药了吗？时间长了药效就没了。

Did you change your medicine on time? The effects of the medicine will begin to wear off after a certain amount of time.

12. A: Xiǎo Wáng, wǒ gěi nǐ dàile gǔtoutāng, chèn rè hē ba.
小王，我给你带了骨头汤，趁热喝吧。

Xiaowang, I bought you some pork bone soup. Drink it while it is hot.

B1: Xièxie, yīshēng yě shuō gǔzhé yīnggāi duō hē gǔtoutāng, duì huīfù yǒu hǎochu.
谢谢，医生也说骨折应该多喝骨头汤，对恢复有好处。

Thank you. My doctor actually suggested me to drink more pork bone soup. He said it is good for my fracture recovery time.

B2: Máfan nǐ le, wǒ gǔzhé de zhè duàn shíjiān bù néng xià chuáng, duōkuī nǐ zhàogù wǒ.
麻烦你了，我骨折的这段时间不能下床，多亏你照顾我。

Thank you. Because of the fracture, I cannot get

out of bed. Thank you very much for your help during this time.

● 词语　**Vocabulary**

序号	词语	拼音	词性	翻译
1	保养	bǎoyǎng	动	to rehabilitate
2	养伤	yǎng shāng		to heal one's wounds
3	乐观	lèguān	形	optimistic
4	心态	xīntài	名	attitude
5	治疗	zhìliáo	动	to treat
6	愈合	yùhé	动	to heal
7	拆线	chāi xiàn		to remove the stitches
8	伤筋动骨	shāngjīn-dònggǔ		to be injured in the sinews or bones
9	静养	jìngyǎng	动	to rest up and cure
10	痊愈	quányù	动	to fully recover
11	康复性	kāngfùxìng	形	recovery
12	偏方	piānfāng	名	home remedy
13	秘方	mìfāng	名	secret prescription
14	复查	fùchá	动	to recheck
15	休养	xiūyǎng	动	to recuperate
16	复健	fùjiàn	动	physical therapy
17	循序渐进	xúnxù-jiànjìn		to proceed in an orderly way and step by step
18	外用药	wàiyòngyào	名	drugs for external use

19	云南白药	Yúnnán Báiyào	名	Yunnan White medical powder
20	红花油	hónghuāyóu	名	safflower oil
21	换药	huàn yào		to change medicine
22	药效	yàoxiào	名	effect of medicine
23	骨头汤	gǔtoutāng	名	pork born soup

十七、运动与饮食

UNIT 17 SPORTS AND FOOD

第四十九课 运动员的营养
Lesson 49 Nutrition for Athletes

1. 你想练肌肉，可以吃些蛋白粉，这样锻炼效果会更好。

   If you want to build muscle, you can take some protein powder and it will be more effective.

2. 速度型运动项目的运动员要注意饮食中碳水化合物、蛋白质和磷的供给。

   Athletes who participate in speed sports should pay attention to the amount of carbohydrate, protein, and phosphorus they consume.

3. 篮球运动员一般都常吃含铁多的食物，像胡萝卜、菠菜、鱿鱼等。

   Basketball players usually eat foods high in iron

such as carrots, spinach, squid, etc.

4. 运动员平常最好不要吃脂肪含量过高的东西。

Athletes should not regularly eat foods high in fat.

5. 马拉松运动员能量消耗大,体内要保持充足的糖分。

Marathon athletes expend a lot of energy, so they need to maintain high glucose levels.

6. 你不要一次喝那么多水,补水要少量多次。

Don't drink too much water at once. If you want to replace your fluid loss, you should drink small amounts more frequently.

7. 你别看花样游泳运动员身材那么好,她们的主食和肉类吃得一点儿都不少。

Although synchronized swimmers have fit bodies, they eat a lot of cereal and meat.

8. 如果你缺乏维生素和钙质,运动能力会下降。

If you lack vitamins and calcium, your exercise capacity will decline.

9. 运动员流汗多，最好多吃香蕉这种含钾量高的水果。

Athletes sweat a lot, so they should eat fruits high in potassium like bananas.

10. 通常运动员饮食的蛋白质、脂肪和碳水化合物含量的比例都是有规定的。

Usually, the percentages of protein, fat, and carbohydrates in food for athletes are strictly portioned.

11. A: 运动员训练很辛苦，热量消耗大，他们怎么补充呢？

The training for athletes is so exhausting; they burn a lot of calories. How can they replenish them?

B1: 多吃含糖量高的食物，糖是热量的重要来源。

Eat foods high in sugar. Sugar is an important source of energy.

B2: 他们训练的时候都喝专门的运动饮料来补充。

They have special sports drinks meant for training.

12. A: Tǐcāo yùndòngyuán yìbān dōu chī shénme ya?
   体操 运动员 一般 都 吃 什么 呀?

   What foods do gymnasts usually eat?

   B1: Tāmen duì tǐzhòng yāoqiú hěn yángé, suǒyǐ rèliàng gāo de dōngxi bù néng duō chī.
   他们 对 体重 要求 很 严格,所以 热量 高 的 东西 不 能 多 吃。

   They have strict weight requirements, so they can't eat too much food high in calories.

   B2: Tāmen yìbān chī wéishēngsù hé lín hánliàng jiào gāo de shíwù.
   他们 一般 吃 维生素 和 磷 含量 较 高 的 食物。

   They usually eat food high in vitamins and phosphorus.

● 词语　Vocabulary

序号	词语	拼音	词性	翻译
1	营养	yíngyǎng	名	nutrition
2	蛋白粉	dànbáifěn	名	protein powder
3	速度型	sùdùxíng	形	speed (type)
4	碳水化合物	tàn-shuǐ huàhéwù		carbohydrate
5	蛋白质	dànbáizhì	名	protein
6	磷	lín	名	phosphorus

7	铁	tiě	名	iron
8	脂肪	zhīfáng	名	fat
9	含量	hánliàng	名	content; proportion
10	能量	néngliàng	名	energy
11	消耗	xiāohào	动	to expend; to deplete
12	糖分	tángfèn	名	glucose
13	补水	bǔ shuǐ		to replace fluid losses
14	花样游泳	huāyàng yóuyǒng		synchronized swimming
15	主食	zhǔshí	名	cereal
16	肉类	ròulèi	名	meat
17	维生素	wéishēngsù	名	vitamin
18	钙质	gàizhì	名	calcium
19	钾	jiǎ	名	potassium
20	热量	rèliàng	名	calorie
21	运动饮料	yùndòng yǐnliào		sports drink

Dì-wǔshí Kè　Yùndòng Hòu de Bǎojiàn

第五十课　运动后的保健

Lesson 50 Health Care after Workouts

1. Gāng yùndòng wán bù néng mǎshàng xǐ lěngshuǐzǎo, fǒuzé róngyì zháoliáng huò chángwèi bù shūfu.
刚运动完不能马上洗冷水澡，否则容易着凉或肠胃不舒服。

Don't take a cold shower right after working out;

otherwise, you'll easily get a cold or upset your digestive system easily.

2. Nǐ yǎnjing fāyán le, yídìng shì yóuyǒng zhīhòu méi yòng yǎnyàoshuǐ.
   你眼睛发炎了，一定是游泳之后没用眼药水。

   Your eyes are inflamed. I bet you didn't use eye drops after swimming.

3. Nǐ zǒng shuō yùndòng hòu huì tóu yūn, kěnéng shì dīxuètáng, kěyǐ hē diǎnr tángshuǐ bǔchōng tángfèn.
   你总说运动后会头晕，可能是低血糖，可以喝点儿糖水补充糖分。

   You always say you feel dizzy after exercising. It may be due to low blood sugar. You can drink sugar water to replenish it.

4. Pǎobù hòu, búyào mǎshàng zuòxià, kěyǐ róurou tuǐ, zuòzuo shēnhūxī.
   跑步后，不要马上坐下，可以揉揉腿，做做深呼吸。

   Don't sit down right after running. Massage your legs and do some deep breathing.

5. Nǐ gānggāng zuòwán yùndòng jiù chī nàme duō tiánshí, hěn róngyì fāpàng de.
   你刚刚做完运动就吃那么多甜食，很容易发胖的。

   You'll easily gain weight since you eat so much sweet food right after exercising.

6. Yǒuxiē rén tānliáng, xiàtiān zuòwán yùndòng jiù duìzhe kōngtiáo chuī
   有些人贪凉，夏天做完运动就对着空调吹

lěngfēng, zhèyàng róngyì gǎnmào.
冷风，这样 容易 感冒。

Some people prefer exposure to cold and enjoy the cool air from the air-conditioner right after exercising in the summer. However, doing this may cause them to get a cold easily.

7. *Zhuānjiā rènwéi, yùndòng hòu mǎshàng chīfàn huò hē lěngyǐn huì yǐnqǐ wèitòng.*
专家 认为，运动 后 马上 吃饭 或 喝 冷饮 会 引起胃痛。

The experts think that eating food or drinking cold beverages right after exercising will cause stomach aches.

8. *Yùndòng hòu zuìhǎo hē yìxiē dàn yánshuǐ, kěyǐ kuàisù bǔ nà.*
运动 后 最好 喝一些 淡 盐水，可以 快速 补钠。

After working out, you should drink some lightly salted water to replenish sodium quickly.

9. *Yùndòng hòu gǎnkuài bǎ shī yīfu huàn xiàlai, miǎnde gǎnmào.*
运动 后 赶快 把湿 衣服 换 下来，免得 感冒。

Change out of wet clothes right after exercising to avoid getting a cold.

10. *Dǎwán wǎngqiú wǒ yào qù pào gè wēnshuǐ zǎo, zuò gè tuīná ànmó.*
打完 网球 我要 去 泡个 温水澡，做个 推拿 按摩。

After playing tennis, I'd like to take a warm bath and get a massage.

11. A: <ruby>昨天<rt>Zuótiān</rt></ruby> <ruby>跑了<rt>pǎole</rt></ruby> <ruby>三千米<rt>sānqiān mǐ</rt></ruby>，<ruby>今天<rt>jīntiān</rt></ruby> <ruby>腿<rt>tuǐ</rt></ruby> <ruby>好<rt>hǎo</rt></ruby> <ruby>酸<rt>suān</rt></ruby> <ruby>啊<rt>a</rt></ruby>!

I ran 3000m yesterday! My legs are so sore today!

B1: 是 乳酸 堆积 造成 的，多 吃 些 碱性 食物 调节 一下 就 好了。
(Shì rǔsuān duījī zàochéng de, duō chī xiē jiǎnxìng shíwù tiáojié yíxià jiù hǎo le.)

It's because of lactic acid. You could eat more alkaline foods to balance it out.

B2: 运动 完 做做 整理 活动 并 按摩 肌肉，可以 帮助 消除 酸痛。
(Yùndòng wán zuòzuo zhěnglǐ huódòng bìng ànmó jīròu, kěyǐ bāngzhù xiāochú suāntòng.)

After sports, you could do some cool down exercises and massage your muscles to relieve them.

12. A: 我 一 运动 就 流汗，怎么 补充 体内 流失的 水分 呢?
(Wǒ yí yùndòng jiù liúhàn, zěnme bǔchōng tǐnèi liúshī de shuǐfèn ne?)

I sweat as soon as I start working out. How can I replenish the fluid loss?

B1: 最好 喝 白开水、绿豆汤，尽量 别 喝 碳酸 饮料。
(Zuìhǎo hē báikāishuǐ, lǜdòutāng, jǐnliàng bié hē tànsuān yǐnliào.)

You should drink more water or green bean soup, and try not to drink any carbonated beverages.

B2: *Búyào hē bīngshuǐ, yě búyào yí cì hē tài duō, yào fēn jǐ cì mànmàn hē.*

不要喝冰水,也不要一次喝太多,要分几次慢慢喝。

Don't drink iced water. Also, don't drink too much fluid at once. You should portion it.

● 词语　　**Vocabulary**

序号	词语	拼音	词性	翻译
1	冷水澡	lěngshuǐzǎo	名	cold shower
2	着凉	zháoliáng	动	to get cold
3	肠胃	chángwèi	名	digestive system
4	不舒服	bù shūfu		uncomfortable
5	发炎	fāyán	动	to be inflamed
6	眼药水	yǎnyàoshuǐ	名	eyedrop
7	低血糖	dīxuètáng	名	low blood sugar
8	揉腿	róu tuǐ		to massage leg
9	深呼吸	shēnhūxī	动	to breathe deeply
10	甜食	tiánshí	名	sweet food
11	贪凉	tānliáng	动	to prefer exposure to cold
12	感冒	gǎnmào	动	to catch cold
13	冷饮	lěngyǐn	名	cold beverage
14	胃痛	wèitòng	动	stomach ache
15	盐水	yánshuǐ	名	salt water
16	钠	nà	名	sodium

17	温水澡	wēnshuǐzǎo	名	warm bath
18	推拿	tuīná	动	to massage
19	乳酸	rǔsuān	名	lactic acid
20	碱性	jiǎnxìng	形	alkaline
21	整理活动	zhěnglǐ huódòng		cool down exercise
22	水分	shuǐfèn	名	fluid

Suǒyǐn

索 引

INDEX

英语 English	汉语 Chinese	课 Lesson	序号 Number
360 degrees (diving)	周	Lesson 26	12
1NT (notrump)	一无将	Lesson 30	6
21-point system	21分制	Lesson 19	3
A			
a circle	回环	Lesson 24	5
a quick spike from a flat short set	短平快	Lesson 17	7
a series of	一系列	Lesson 24	7
ab bench	腹肌板	Lesson 12	17
abs	腹肌	Lesson 12	14
absorb sweat	吸汗	Lesson 10	26
abundant	充沛	Lesson 41	10
accelerate	加速	Lesson 21	9
achieve a complete triumph	大获全胜	Lesson 37	18
acrophobia	恐高症	Lesson 44	11
advance (in competition)	晋级	Lesson 37	7
advocate	张扬	Lesson 42	19
aerobics	有氧	Lesson 12	11
agile	灵活	Lesson 24	10
agreement	协议	Lesson 13	15
aim	瞄准	Lesson 34	26

air pistol	气手枪	Lesson 34	5
air rifle	气步枪	Lesson 34	4
alkaline	碱性	Lesson 50	20
altitude sickness	高原反应	Lesson 47	5
amateur	业余	Lesson 32	10
angle	角度	Lesson 20	4
ankle	脚踝	Lesson 42	22
ankle (joint)	踝关节	Lesson 45	14
ankle pads	护踝	Lesson 45	17
antiseptic liquid	消毒液	Lesson 47	12
appear	亮相	Lesson 9	16
apply	申请	Lesson 6	5
apply cold compresses	冷敷	Lesson 46	6
apply for a membership	办卡	Lesson 13	1
apply hot packs	热敷	Lesson 46	9
archery	射箭	Lesson 34	2
arena	赛场	Lesson 4	13
arm	手臂	Lesson 11	11
arm	胳膊	Lesson 25	14
arrange	编排	Lesson 23	26
art of long-blade	刀法	Lesson 40	10
arthritis	关节炎	Lesson 47	15
artificial respiration	人工呼吸	Lesson 46	21
ask for help	呼救	Lesson 46	26
ask sb. for help	求助	Lesson 6	8
assist	助攻	Lesson 16	19
assistant system	助手制	Lesson 31	14
athlete	运动员	Lesson 3	3
athlete	健儿	Lesson 38	2

atmosphere	气氛	Lesson 3	8
attack	进攻	Lesson 15	30
attack	攻击	Lesson 33	4
attack	击打	Lesson 33	6
attention	注意力	Lesson 45	8
attitude	心态	Lesson 48	4
audience	观众	Lesson 4	11
auto racing fan	赛车迷	Lesson 32	20
award	颁奖	Lesson 38	17
axe kick	下劈	Lesson 33	7
B			
back court	后场	Lesson 19	6
backhand	反手	Lesson 19	14
backpacking	背包旅行	Lesson 43	20
backstroke	仰泳	Lesson 25	5
backwards somersault	后空翻	Lesson 23	22
bad call	黑哨	Lesson 15	29
bad swimmer	旱鸭子	Lesson 25	12
badge	纪念章	Lesson 8	19
badminton	羽毛球	Lesson 3	14
balance beam	平衡木	Lesson 24	4
ball boy/girl	球童	Lesson 18	5
ball rate	起球率	Lesson 17	10
ball sports	球类	Lesson 15	1
ban from match	禁赛	Lesson 37	2
banana shot	香蕉球	Lesson 15	17
bandage	绷带	Lesson 45	19
banner	横幅	Lesson 4	22

barbell	杠铃	Lesson 12	15
bargain	还价	Lesson 11	20
bargain price	特价	Lesson 11	19
barrier	难关	Lesson 27	18
baseball	棒球	Lesson 35	3
basic	入门	Lesson 20	12
basketball	篮球	Lesson 2	14
basketball shoes	篮球鞋	Lesson 10	11
basketball stand	篮球架	Lesson 42	18
basketball star	球星	Lesson 9	8
bat	球拍	Lesson 11	18
baton	棒	Lesson 22	4
be a candidate	入围	Lesson 8	22
be amazed	叹为观止	Lesson 40	14
be expected by the general public	众望所归	Lesson 38	21
be in the air	凌空	Lesson 38	7
be inflamed	发炎	Lesson 50	5
be injured by cold	冻伤	Lesson 28	16
be injured in the sines or bones	伤筋动骨	Lesson 48	8
be jammed	戳伤	Lesson 47	17
be lack of (strength)	不支	Lesson 43	9
be on service	在役	Lesson 16	20
be out	出局	Lesson 37	9
be out of breath	气喘吁吁	Lesson 41	5
be out of the race	退赛	Lesson 38	15
be out of the wind	背风	Lesson 43	17
be the spokesperson for	代言	Lesson 9	13

Be there or be square.	不见不散	Lesson 3	11
be with an empty stomach	空腹	Lesson 41	12
beat (in competition)	击败	Lesson 37	1
beginner	初学者	Lesson 25	8
belly dancing	肚皮舞	Lesson 14	11
belongings	随身物品	Lesson 6	11
belt	腰带	Lesson 33	14
bend over	弯腰	Lesson 41	9
bent	弯	Lesson 26	10
best player	主力	Lesson 20	14
bid	叫牌	Lesson 30	2
billiards	台球	Lesson 3	16
binoculars	望远镜	Lesson 2	13
Bird's Nest	鸟巢	Lesson 8	18
birthplace	发源地	Lesson 40	4
Black	黑棋	Lesson 29	5
black belt	黑带	Lesson 33	23
bleed	流血	Lesson 46	3
blind	盲目	Lesson 45	20
blister	水疱	Lesson 45	5
block	盖帽	Lesson 16	9
block	拦网	Lesson 17	12
blood	血液	Lesson 41	14
BMX (Bicycle Motocross)	特技单车	Lesson 42	7
body	肢体	Lesson 39	20
boo	喝倒彩	Lesson 4	8
book	预订	Lesson 2	2

boost the morale	助威	Lesson 7	7
bounce	点地跳	Lesson 42	9
boxing	拳击	Lesson 33	15
boxing champion	拳王	Lesson 33	17
brand shop	专卖店	Lesson 11	2
break into the first lane	抢道	Lesson 22	6
break the record	刷新	Lesson 27	13
break the rule	犯规	Lesson 15	26
break through	突破	Lesson 15	14
break through	过人	Lesson 15	16
breaststroke	蛙泳	Lesson 25	3
breathable	透气	Lesson 10	27
breathe	呼吸	Lesson 25	10
breathe deeply	深呼吸	Lesson 50	9
bridge	桥牌	Lesson 30	1
bring into play	发挥	Lesson 4	6
broad	宽阔	Lesson 28	5
broadcast	转播	Lesson 3	15
broadcast live	直播	Lesson 1	15
broadcasting station	广播站	Lesson 6	15
bronchitis	气管炎	Lesson 41	17
bruise	挫伤	Lesson 45	10
bruise	瘀青	Lesson 47	2
build momentum	发力	Lesson 21	17
bungee jumping	蹦极	Lesson 44	8
bus	公交车	Lesson 5	12
bus stop	站牌	Lesson 5	13
butterfly stroke	蝶泳	Lesson 25	4

C			
calcium	钙质	Lesson 49	18
calorie	热量	Lesson 49	20
call the score (of shooting)	报环	Lesson 34	21
camp out	野营	Lesson 43	14
cancel	取消	Lesson 1	8
carbohydrate	碳水化合物	Lesson 49	4
car-owners	开车族	Lesson 27	4
cartilage	软骨	Lesson 47	7
cartoon	卡通	Lesson 8	16
casual	随意	Lesson 42	17
catch cold	感冒	Lesson 50	12
catch up fast	奋起直追	Lesson 37	12
cauldron	火炬塔	Lesson 38	8
center of gravity	重心	Lesson 42	20
cereal	主食	Lesson 49	15
chain (store)	分店	Lesson 13	13
challenging	挑战性	Lesson 44	5
champion	冠军	Lesson 18	3
championship	锦标赛	Lesson 1	4
change medicine	换药	Lesson 48	21
change shape	变形	Lesson 47	18
change tickets	换票	Lesson 2	16
changing room	更衣室	Lesson 12	2
channel	频道	Lesson 36	8
chassis	底盘	Lesson 32	21
check	将军	Lesson 31	7
checkerboard	棋盘	Lesson 29	3

cheer	加油	Lesson 3	4
cheer	喝彩	Lesson 35	9
cheer	助威	Lesson 7	7
cheering team	啦啦队	Lesson 4	20
Cheng Fei Vault	程菲跳	Lesson 24	13
chess	国际象棋	Lesson 31	1
chess technique	棋艺	Lesson 31	15
chest compression	胸外挤压	Lesson 46	20
chin	下颌	Lesson 34	13
Chinese chess	中国象棋	Lesson 31	2
choke on water	呛水	Lesson 25	11
chop	削球	Lesson 20	11
circulate	循环	Lesson 41	15
civilized	文明	Lesson 4	9
clay pigeon, trap (shoot)	飞碟	Lesson 34	6
climb	攀爬	Lesson 44	17
climb mountains	爬山	Lesson 43	1
climb mountains	登山	Lesson 43	6
climbing shoes	登山鞋	Lesson 43	5
climbing wear	登山服	Lesson 10	17
clinic	医务室	Lesson 46	17
closed training	封闭训练	Lesson 20	16
club	俱乐部	Lesson 3	6
club house	会所	Lesson 12	4
clubs	草花	Lesson 30	14
coach	教练	Lesson 11	13
code	代码	Lesson 26	13
coherent	一气呵成	Lesson 39	8

cold beverage	冷饮	Lesson 50	13
cold shower	冷水澡	Lesson 50	1
collect	收藏	Lesson 8	13
collect	收集	Lesson 9	7
combine	结合	Lesson 14	9
come up to people's expectation	不负众望	Lesson 37	19
comeback	复出	Lesson 21	5
commemorative coins	纪念币	Lesson 8	11
compass	指南针	Lesson 43	13
compete	竞技	Lesson 30	15
compete	角逐	Lesson 33	10
compete	较量	Lesson 35	16
competitiveness	竞争力	Lesson 37	20
competitor	选手	Lesson 4	2
confident	胸有成竹	Lesson 34	18
conservative	保守	Lesson 18	11
consult	咨询	Lesson 12	1
content	含量	Lesson 49	9
contract	约定叫	Lesson 30	18
control	压	Lesson 26	15
controlled territory	实空	Lesson 29	20
cool	凉快	Lesson 43	23
cool down exercise	整理活动	Lesson 50	21
cooperate	协作	Lesson 22	20
coordinating	协调	Lesson 42	24
coronary disease	冠心病	Lesson 45	3
cost	费用	Lesson 13	18
counter	专柜	Lesson 10	2

counterattack	反击	Lesson 20	6
coupon	体验券	Lesson 12	7
courage	胆子	Lesson 44	18
court	球场	Lesson 4	7
court	场地	Lesson 19	2
cover	掩护	Lesson 16	17
cradle	摇篮	Lesson 42	16
cramp	抽筋	Lesson 14	13
cross-bar	横杆	Lesson 21	11
cross-country	越野	Lesson 5	3
crosscourt	斜线	Lesson 19	10
crush (in competition)	大败	Lesson 37	6
cudgel	棍术	Lesson 40	5
cue	球杆	Lesson 11	14
curve	弯道	Lesson 27	16
cushion	缓冲	Lesson 10	13
cut	搓球	Lesson 20	10
cutting line	抢道线	Lesson 22	5
D			
dan	段	Lesson 33	24
dance	舞蹈	Lesson 24	16
dancing mat	跳舞毯	Lesson 11	15
debut	亮相	Lesson 9	16
decisive	果断	Lesson 26	16
declarer's play	做庄	Lesson 30	3
defend	防守	Lesson 30	4
defend one's championship	卫冕	Lesson 21	6
defend oneself	防身	Lesson 33	13

defender's play	防守	Lesson 30	4
defer	延期	Lesson 13	11
deflect	侧扑	Lesson 15	4
degree	系数	Lesson 26	6
deplete	消耗	Lesson 49	11
deserve	当之无愧	Lesson 17	11
design	设计	Lesson 8	3
detail	明细	Lesson 13	19
diet	饮食	Lesson 14	8
difficult	艰辛	Lesson 24	11
difficulty	难度	Lesson 22	14
digestive system	肠胃	Lesson 50	3
discus	铁饼	Lesson 21	16
dislocate	脱臼	Lesson 46	11
dismount	下法	Lesson 23	9
display	张扬	Lesson 42	19
disrupt	扰乱	Lesson 33	18
distort	变形	Lesson 47	18
dive	跳水	Lesson 2	17
dive	潜水	Lesson 43	19
dizzy	头晕目眩	Lesson 44	12
dizzy	头晕	Lesson 47	3
do exercise in the morning	晨练	Lesson 41	2
document	档案	Lesson 13	10
doll	玩偶	Lesson 8	17
double fault	双误	Lesson 18	4
doubles	双打	Lesson 18	9
draw	和棋	Lesson 31	11
draw (a bow)	拉弓	Lesson 34	12

dribble	带球	Lesson 15	12
dribble	运球	Lesson 16	5
drift	漂移	Lesson 32	4
drift	漂流	Lesson 43	4
driving license	驾照	Lesson 32	8
driving skill	车技	Lesson 32	6
(driving) team	车队	Lesson 32	11
drown	溺水	Lesson 46	18
drugs for external use	外用药	Lesson 48	18
dumb-bell	哑铃	Lesson 11	12
dunk	飞扣	Lesson 16	6
durable	耐用	Lesson 11	9
E			
easy	轻松	Lesson 18	7
effect of medicine	药效	Lesson 48	22
elasticity	弹力	Lesson 45	18
elevation	海拔	Lesson 43	7
eliminate	淘汰	Lesson 37	8
elliptical trainer	椭圆机	Lesson 14	2
emergency	应急	Lesson 46	1
encirclement	外势	Lesson 29	8
endurance	耐力	Lesson 22	22
endure muscle soreness	耐酸	Lesson 35	5
energy	精力	Lesson 41	11
energy	能量	Lesson 49	10
engine	引擎	Lesson 32	22
enter for	报名	Lesson 6	3
enter into a rivalry with sb.	争夺	Lesson 30	12

enter the court	入场	Lesson 4	18
entertainment	娱乐性	Lesson 42	14
entry	入水	Lesson 26	8
EPL (English Premier League)	英超	Lesson 1	16
equestrian event	马术	Lesson 35	10
equipment	器材	Lesson 11	1
equipment	器械	Lesson 13	7
equipment	装备	Lesson 28	19
essence	精髓	Lesson 40	9
etiqutte	礼仪	Lesson 4	1
Euroleague	欧冠联赛	Lesson 36	22
evade	躲闪	Lesson 35	8
event	赛事	Lesson 1	1
exchange pieces	兑子	Lesson 31	9
exciting	刺激	Lesson 28	3
exclusive	专利	Lesson 42	11
exercise	健身	Lesson 5	14
exercise	健身操	Lesson 12	12
exercise amount	运动量	Lesson 14	16
exhilarating	带劲儿	Lesson 33	21
expend	消耗	Lesson 49	11
expire	到期	Lesson 13	20
explosive force	爆发力	Lesson 22	9
expose oneself unintentionally	走光	Lesson 44	10
extreme sports	极限运动	Lesson 44	1
eye training	眼功	Lesson 40	18
eyedrop	眼药水	Lesson 50	6

F			
facility	设备	Lesson 13	21
fail	失手	Lesson 28	12
faint	休克	Lesson 46	19
fair	公平	Lesson 23	12
fake	假动作	Lesson 16	16
fake ticket	假票	Lesson 2	7
fall	摔跤	Lesson 27	17
fall down	跌倒	Lesson 24	6
fall in a faint	晕倒	Lesson 46	23
false start	抢跑	Lesson 22	15
famous brand	大品牌	Lesson 11	8
fan	球迷	Lesson 3	5
fan	追星族	Lesson 9	1
fan	粉丝	Lesson 9	4
fan group	粉丝团	Lesson 9	10
fan, amateur	爱好者	Lesson 32	24
far ahead of others	遥遥领先	Lesson 20	9
fat	脂肪	Lesson 49	8
fatigued	疲劳	Lesson 14	5
fee	费用	Lesson 13	18
feet in "V" position	外八字	Lesson 28	14
fencing	击剑	Lesson 35	7
field events	田赛	Lesson 21	2
FIFA(Fédération Internationale de Football Association)	国际足联	Lesson 38	16
fight	搏击	Lesson 33	1
fight against	对战	Lesson 1	7

fighting spirit	拼劲儿	Lesson 24	18
fighting style	拳术	Lesson 39	11
figure	身材	Lesson 10	8
figure skating	花样滑冰	Lesson 37	15
final set	决胜局	Lesson 17	22
finals	决赛	Lesson 2	19
fine	罚	Lesson 15	6
fingerless gloves	半指手套	Lesson 10	15
finish line	终点	Lesson 22	11
first-class	一流	Lesson 7	14
fitness ball	大球操	Lesson 12	6
fitting room	试衣间	Lesson 10	3
flagship store	旗舰店	Lesson 11	4
flat	平坦	Lesson 28	4
flawless	无懈可击	Lesson 23	5
floor exercise	自由体操	Lesson 23	4
fluid	水分	Lesson 50	22
flying rings	吊环	Lesson 23	13
focus	焦点	Lesson 7	6
focus one's attention upon	瞩目	Lesson 7	5
food court	美食城	Lesson 5	1
football	足球	Lesson 1	5
football (American)	橄榄球	Lesson 35	19
football star	球星	Lesson 9	8
force	勉强	Lesson 45	11
forehand	正手	Lesson 19	12
foreign aid	外援	Lesson 38	5
forfeit	弃权	Lesson 36	16

form, school	流派	Lesson 39	7
formula	方程式	Lesson 32	2
forte	绝活儿	Lesson 23	3
forward	前锋	Lesson 15	9
foul line	犯规线	Lesson 21	21
fracture	骨折	Lesson 46	13
free kick	任意球	Lesson 15	7
freestyle swimming	自由泳	Lesson 25	2
French defence	法兰西防御	Lesson 31	8
friendly match	友谊赛	Lesson 1	18
friendly to the environment	环保	Lesson 43	10
fullback	后卫	Lesson 15	15
fully recover	痊愈	Lesson 48	10
Fuwa	福娃	Lesson 8	2
	G		
game	牌局	Lesson 30	9
game point	局点	Lesson 17	20
gear	装备	Lesson 28	19
gearbox	变速箱	Lesson 38	14
gem	瑰宝	Lesson 40	8
get across the net	过网	Lesson 19	15
get cold	着凉	Lesson 50	2
get sunstroke	中暑	Lesson 46	7
give a discount	打折	Lesson 10	21
give first aid	急救	Lesson 43	3
glide	滑行	Lesson 27	2
glide	滑翔	Lesson 27	6
glucose	糖分	Lesson 49	12

go player	棋手	Lesson 29	15
go skiing/ski	滑雪	Lesson 28	1
go to hospital	就医	Lesson 46	12
goal	球门	Lesson 15	11
goal line	底线	Lesson 15	5
goalkeeper	守门员	Lesson 15	3
goalpost	门柱	Lesson 36	14
goggles	泳镜	Lesson 11	6
golf	高尔夫	Lesson 4	4
graceful	优雅	Lesson 24	17
grand ceremony	盛典	Lesson 38	18
Grand Master	国手	Lesson 29	16
grandstand ticket	看台票	Lesson 2	12
graze	擦伤	Lesson 46	2
group stage	小组赛	Lesson 36	2
guide	引导	Lesson 6	12
guide	向导	Lesson 43	2
gym	健身房	Lesson 5	16
gymnastics	体操	Lesson 23	1
H			
hairline fracture	骨裂	Lesson 47	9
half squat	半蹲	Lesson 42	21
half time	中场休息	Lesson 16	12
hand	牌型	Lesson 30	8
hand forms	手型	Lesson 39	15
hand-off the baton	接棒	Lesson 22	7
handstand	倒立	Lesson 23	16
hard-fought match	恶战	Lesson 37	21

harmonious	和谐	Lesson 39	6
have a drag race	飙车	Lesson 32	18
have a game	切磋	Lesson 29	2
have a match	对阵	Lesson 1	19
have leisure	休闲	Lesson 41	1
have special skills	各怀绝技	Lesson 24	1
have tags on	明码标价	Lesson 11	21
heal	愈合	Lesson 48	6
heal one's wounds	养伤	Lesson 48	2
health care	保健	Lesson 39	3
heart disease	心脏病	Lesson 39	18
heat up	白热化	Lesson 16	13
heavyweight	重量级	Lesson 33	16
heel	鞋跟	Lesson 10	12
helmet	头盔	Lesson 42	5
high bar	高杠	Lesson 24	8
high blood pressure	高血压	Lesson 45	2
high clear	高远球	Lesson 19	11
high jump	跳高	Lesson 21	3
high reputation	盛名	Lesson 40	2
high set	高套	Lesson 30	19
hip hop	街舞	Lesson 42	10
hit	击打	Lesson 33	6
hitter	主攻手	Lesson 17	2
hockey	曲棍球	Lesson 35	6
hold breath and focus	屏气凝神	Lesson 34	25
holding legs	抱腿	Lesson 26	9
home court	主场	Lesson 17	5

home remedy	偏方	Lesson 48	12
horizontal bar	单杠	Lesson 23	17
horse	马匹	Lesson 35	12
horse vaulting	跳马	Lesson 23	11
human barricade	人墙	Lesson 15	8
human encyclopedia	百事通	Lesson 32	19
hurdle	跨栏	Lesson 2	18
	I		
idol	偶像	Lesson 9	14
improve strength and health	强身健体	Lesson 39	12
in place	到位	Lesson 23	7
indoor pool	游泳馆	Lesson 4	12
infect	感染	Lesson 7	9
influence	影响力	Lesson 38	20
injury	损伤	Lesson 39	17
injury status	伤势	Lesson 38	23
inner edge	内刃	Lesson 28	15
instruction	说明	Lesson 14	10
insurance	保险	Lesson 13	17
intelligence	智力	Lesson 29	1
intensive training	集训	Lesson 27	10
interest class	兴趣班	Lesson 31	16
internal momentum	气势	Lesson 40	11
invade	侵消	Lesson 29	19
invest	投资	Lesson 8	12
investment	投资	Lesson 8	12
iron	铁	Lesson 49	7

iron arm skill	铁臂功	Lesson 40	16
iron cross	铁十字	Lesson 23	15
issue	发行	Lesson 8	8
item	项目	Lesson 12	8
item	条款	Lesson 13	16
J			
javelin	标枪	Lesson 21	23
jazz dancing	爵士舞	Lesson 14	3
jockey	骑师	Lesson 35	11
jog	慢跑	Lesson 14	7
judgment	判断力	Lesson 34	7
judo	柔道	Lesson 33	9
jump	跃起	Lesson 19	8
jump	跳跃	Lesson 21	24
jump rope	跳绳	Lesson 11	17
K			
karate	空手道	Lesson 33	11
karting	卡丁车	Lesson 32	14
kayaking	皮划艇	Lesson 35	4
keep one's service	保发	Lesson 18	13
kick	踢腿	Lesson 33	3
kick off	开球	Lesson 35	20
kickboxing	搏击操	Lesson 10	24
Kids' Kung Fu	童子功	Lesson 40	12
king	国王	Lesson 31	5
knee	膝盖	Lesson 10	14
knee pad	护膝	Lesson 42	6
Kung Fu	功夫	Lesson 39	1

	L		
lactic acid	乳酸	Lesson 50	19
large-sized	大号	Lesson 10	6
Latin (dance)	拉丁	Lesson 13	9
layman	外行	Lesson 34	27
leave the ground	腾空	Lesson 35	18
leg	腿	Lesson 14	12
legal throwing area	投掷圈	Lesson 21	19
lesson	课程	Lesson 12	9
let	擦网	Lesson 19	16
level	扳平	Lesson 15	19
lie on one's back	仰卧	Lesson 46	24
life jacket	救生衣	Lesson 44	7
lifeguard	救生员	Lesson 25	9
lift	托举	Lesson 27	7
lift legs high	高抬腿	Lesson 21	7
ligament	韧带	Lesson 45	7
light	清淡	Lesson 5	2
limbs	四肢	Lesson 42	23
limit	极限	Lesson 22	23
limit the quantity	限量	Lesson 8	10
line	路（公交车）	Lesson 5	11
lineup	阵容	Lesson 17	16
load	负荷量	Lesson 45	21
local	本土	Lesson 38	4
long jump	跳远	Lesson 21	12
long-distance run	长跑	Lesson 22	2
lose an opportunity close at hand	失之交臂	Lesson 23	18

lose one's hair	脱发	Lesson 47	11
lose one's service	破发	Lesson 18	12
lose one's way	迷路	Lesson 43	11
lose weight	瘦身	Lesson 12	13
lose weight	减肥	Lesson 14	6
Lost and Found	失物招领处	Lesson 6	13
low bar	低杠	Lesson 24	9
low blood sugar	低血糖	Lesson 50	7
lower limbs	下肢	Lesson 27	3
lung capacity	肺活量	Lesson 25	13
M			
magnesium powder	镁粉	Lesson 24	12
make a mistake	失误	Lesson 4	19
make a responding bid	应叫	Lesson 30	17
make a stir	轰动	Lesson 38	9
make a trial put	试掷	Lesson 21	20
make a turn	转弯	Lesson 28	10
make an opening bid	开叫	Lesson 30	5
manners	礼仪	Lesson 4	1
map	地图	Lesson 43	12
Marathon	马拉松	Lesson 22	12
Martial Arts Festival	武术节	Lesson 39	4
mascot	吉祥物	Lesson 8	21
massage	按摩	Lesson 5	7
massage	推拿	Lesson 50	18
massage leg	揉腿	Lesson 50	8
master	大师	Lesson 29	10
(measure word for regular meetings or matches)	届	Lesson 1	12

(measure word for small objects)	枚	Lesson 1	9
meat	肉类	Lesson 49	16
medal	奖牌	Lesson 1	10
medal tally	奖牌榜	Lesson 35	2
media	媒体	Lesson 38	12
medium level ski run	中级道	Lesson 28	7
medium-sized	中号	Lesson 10	4
meet an urgent need	应急	Lesson 46	1
meet at the airport	接机	Lesson 9	11
membership card	会员卡	Lesson 13	14
men's table tennis	男乒	Lesson 20	13
merbromin	红药水	Lesson 46	4
metabolism	新陈代谢	Lesson 41	13
middle	中路	Lesson 15	13
mineral water	矿泉水	Lesson 46	15
miracle	奇迹	Lesson 38	22
miss	扑空	Lesson 20	1
miss a game	缺赛	Lesson 16	18
miss the target	脱靶	Lesson 34	11
mistake	失误	Lesson 4	19
modify	改装	Lesson 32	17
monitor	监测	Lesson 36	11
monk	和尚	Lesson 40	13
month card	月卡	Lesson 13	4
morale	士气	Lesson 7	8
morning call	叫早	Lesson 5	4
mosquito repellent	驱蚊水	Lesson 43	16
motor	摩托	Lesson 32	23

motor racing	赛车	Lesson 32	1
move	感染	Lesson 7	9
move	易位	Lesson 31	6
move	转会	Lesson 38	11
move (in chess)	着数	Lesson 31	12
move (in chess or go)	招	Lesson 29	18
Mt. Song	嵩山	Lesson 40	20
Mulan Boxing	木兰拳	Lesson 41	3
muscle	肌肉	Lesson 14	1
N			
name	命名	Lesson 24	2
national anthem	国歌	Lesson 4	15
national flag	国旗	Lesson 4	14
new, rising	新兴	Lesson 42	3
news	新闻	Lesson 36	1
non-slip	防滑	Lesson 11	16
notable player	名将	Lesson 21	4
notch the arrow	搭箭	Lesson 34	16
nutrition	营养	Lesson 49	1
O			
obstacle race	障碍赛跑	Lesson 22	13
OCOG (Organizing Committee for the Olympic Games)	奥组委	Lesson 36	9
offside	越位	Lesson 15	23
Olympic	奥林匹克	Lesson 38	3
one in a million	百里挑一	Lesson 7	15
one who can't swim	旱鸭子	Lesson 25	12
one's face drenched in sweat	满头大汗	Lesson 41	6

open championships	公开赛	Lesson 37	4
open-air	开放式	Lesson 12	5
opening	突破口	Lesson 19	7
opening ceremony	开幕式	Lesson 2	5
opening game	揭幕战	Lesson 36	5
opponent	对手	Lesson 15	22
opponent's ground	客场	Lesson 36	17
optimistic	乐观	Lesson 48	3
organize	组建	Lesson 7	2
orient	定向	Lesson 43	24
oriented	定向	Lesson 43	24
originality	创意	Lesson 8	4
outdoor activities	户外运动	Lesson 10	19
out-of-bounds	出界	Lesson 17	13
outside force	外力	Lesson 39	16
over time	加时赛	Lesson 15	20
overhead smash	高压球	Lesson 18	15
own goal	乌龙球	Lesson 36	13
P			
P.A. station	广播站	Lesson 6	15
parachute jumping	跳伞	Lesson 44	3
paragliding	滑翔伞	Lesson 44	13
parallel bars	双杠	Lesson 23	6
parking lot	停车场	Lesson 5	10
parkour	跑酷	Lesson 42	2
participation	参与性	Lesson 42	12
partner	搭档	Lesson 30	16
pedal move	蹬动	Lesson 28	9

penalty area	禁区	Lesson 15	24
penalty kick	点球	Lesson 15	21
people everywhere	人山人海	Lesson 2	11
people who are very knowledgeable in some fields	内行	Lesson 35	21
perform	发挥	Lesson 4	6
performance	性能	Lesson 32	7
performance	表演性	Lesson 42	13
performance, record	战绩	Lesson 37	10
perseverance	毅力	Lesson 31	17
persevere	持之以恒	Lesson 39	21
philtrum	人中	Lesson 46	25
phosphorus	磷	Lesson 49	6
physical state	体质	Lesson 12	18
physical state	身体素质	Lesson 44	14
physical therapy	复健	Lesson 48	16
pick up a ticket	领票	Lesson 2	21
pike	屈体	Lesson 26	3
pitch a tent	扎营	Lesson 43	18
plaster	创可贴	Lesson 46	22
plaster cast	石膏	Lesson 47	10
platform	跳台	Lesson 26	2
play	做庄	Lesson 30	3
play against	迎战	Lesson 36	18
play chess	下棋	Lesson 31	4
play for	效力	Lesson 38	10
play with sb.	过招	Lesson 29	17
player	球员	Lesson 9	12

point	目	Lesson 29	13
point (of shooting)	环	Lesson 34	22
points	牌点	Lesson 30	7
pole vault	撑杆跳	Lesson 21	13
polite	文明	Lesson 4	9
pommel horse	鞍马	Lesson 23	25
pork born soup	骨头汤	Lesson 48	23
position of pieces (on a chessboard)	布局	Lesson 29	9
position one's feet one stride apart	分跨	Lesson 34	19
poster	海报	Lesson 9	9
posture	姿势	Lesson 19	18
potassium	钾	Lesson 49	19
precision shooting	慢射	Lesson 34	8
prefer exposure to cold	贪凉	Lesson 50	11
preliminary round	预赛	Lesson 25	17
prepare for war	备战	Lesson 17	18
press	压	Lesson 26	15
press	媒体	Lesson 38	12
press conference	发布会	Lesson 37	16
prevent	预防	Lesson 45	1
proceed in an orderly way and step by step	循序渐进	Lesson 48	17
professional	职业	Lesson 32	12
profound meaning	寓意	Lesson 8	6
propaganda film	宣传片	Lesson 9	3
proportion	含量	Lesson 49	9
protective gear	护具	Lesson 28	6

protein	蛋白质	Lesson 49	5
protein powder	蛋白粉	Lesson 49	2
pull the bowstring	扣弦	Lesson 34	17
punish	罚	Lesson 15	6
push (the ball)	推球	Lesson 20	7
Q			
qigong	气功	Lesson 40	7
qualifying	排位赛	Lesson 37	14
qualifying match	预选赛	Lesson 3	7
quarterly card	季卡	Lesson 13	8
quick-drying fabric	快干面料	Lesson 10	18
quit	退赛	Lesson 38	15
R			
race king	车王	Lesson 38	13
race walking	竞走	Lesson 22	16
racer	赛车手	Lesson 32	5
racing vehicle	赛车	Lesson 32	1
racing world	车坛	Lesson 32	9
raft	漂流	Lesson 43	4
raise up	垫高	Lesson 46	8
rally	拉力	Lesson 32	13
rapid	急速	Lesson 28	11
rapid	极速	Lesson 32	3
rapid fire	速射	Lesson 34	9
rebound	篮板（球）	Lesson 16	3
rebroadcast	重播	Lesson 1	11
receipt	发票	Lesson 10	22
recheck	复查	Lesson 48	14

record	纪录	Lesson 20	15
recover	康复	Lesson 47	16
recovery	康复性	Lesson 48	11
recrudesce	复发	Lesson 36	15
recruit	招募	Lesson 6	2
recuperate	休养	Lesson 48	15
red card	红牌	Lesson 15	27
referee	裁判	Lesson 15	25
refund	退票	Lesson 2	3
refund	退款	Lesson 13	12
register	登记	Lesson 6	14
regular season game	常规赛	Lesson 36	20
rehabilitate	保养	Lesson 48	1
rehearse	排练	Lesson 7	3
relapse	反复	Lesson 41	19
relax	放松	Lesson 5	5
relaxed	轻松	Lesson 18	7
relay	转播	Lesson 3	15
relay race	接力	Lesson 22	3
release the string	脱弦	Lesson 34	14
relieve	缓解	Lesson 14	4
remove the stitches	拆线	Lesson 48	7
renew a card	续卡	Lesson 13	5
repeat, recurrent	习惯性	Lesson 47	13
replace fluid losses	补水	Lesson 49	13
reputation	信誉	Lesson 11	5
resell	转让	Lesson 2	15
reset	复位	Lesson 47	19

rest up and cure	静养	Lesson 48	9
retire	退役	Lesson 27	14
return	回击	Lesson 19	4
return	回球	Lesson 19	13
return	归队	Lesson 27	8
rhythmic gymnastics	艺术体操	Lesson 24	14
riding custom	骑马装	Lesson 10	7
risk, danger	危险性	Lesson 44	15
rock-climbing	攀岩	Lesson 44	16
rollerblading	轮滑	Lesson 42	8
rollerblading	直排轮	Lesson 44	19
romantic	浪漫	Lesson 28	2
rotate	旋转	Lesson 23	2
route (of bus)	路（公交车）	Lesson 5	11
routine	套路	Lesson 39	9
rule	规则	Lesson 18	17
run out of time	超时	Lesson 31	13
runner-up	亚军	Lesson 37	22
run-up	助跑	Lesson 21	8
rush hour	高峰期	Lesson 5	21
rush to purchase	抢购	Lesson 8	9
	S		
safflower oil	红花油	Lesson 48	20
salt water	盐水	Lesson 50	15
Sanshou	散打	Lesson 33	8
sauna	桑拿	Lesson 5	6
save the ball	救球	Lesson 20	5
scalped ticket	黄牛票	Lesson 2	6

schedule	赛程表	Lesson 1	14
score	比分	Lesson 15	18
score	得分	Lesson 18	6
score	成绩	Lesson 23	10
second half	下半场	Lesson 15	10
secret for success	诀窍	Lesson 39	19
secret prescription	秘方	Lesson 48	13
sell	发售	Lesson 2	10
sell well	热销	Lesson 8	20
semifinal	半决赛	Lesson 36	3
sequela, lingering effect	后遗症	Lesson 45	4
serve	发球局	Lesson 18	14
serve (in tennis etc)	发球	Lesson 4	5
service	发球权	Lesson 17	9
set	盘	Lesson 18	8
set up	垫球	Lesson 17	15
setter	二传手	Lesson 17	8
Shaolin Temple	少林寺	Lesson 40	3
Shaolin Wushu	少林（武术）	Lesson 40	1
sharp shooter	神枪手	Lesson 34	23
shogi	将棋	Lesson 31	3
shoot	射击	Lesson 34	1
shoot an arrow	射箭	Lesson 34	2
shoot at the basket	投篮	Lesson 16	8
shoot at the goal	射门	Lesson 15	2
shooting line	起射线	Lesson 34	20
shooting percentage	命中率	Lesson 16	7
short low service	短平球	Lesson 19	17

short track speed skating	短道速滑	Lesson 27	9
shot	铅球	Lesson 21	18
shoulder joint	肩关节	Lesson 47	1
shower room	浴室	Lesson 12	3
sidearm motion	侧投	Lesson 21	14
sight to see	看点	Lesson 7	12
sign up	签名	Lesson 9	5
sign with slogan	口号牌	Lesson 4	21
single room	单人间	Lesson 5	8
singles	单打	Lesson 18	2
site	现场	Lesson 2	20
skate	滑冰	Lesson 27	1
skateboarding	滑板	Lesson 42	4
skates	冰鞋	Lesson 27	5
ski outfit	滑雪服	Lesson 28	17
ski park	滑雪场	Lesson 28	18
ski pole	滑雪杆	Lesson 28	13
ski, snowboard	滑雪板	Lesson 28	8
skid	打滑	Lesson 10	16
skill	技巧	Lesson 23	14
skill, technique	技能	Lesson 35	15
slam dunk	扣篮	Lesson 16	4
slogan	口号	Lesson 7	13
slow motion	慢镜头	Lesson 26	11
smash	扣杀	Lesson 19	5
smash	劈杀	Lesson 19	9
smooth	流畅	Lesson 23	8
snooker	台球	Lesson 3	16

snooker	斯诺克	Lesson 37	3
soccer	足球	Lesson 1	5
sodium	钠	Lesson 50	16
somersault	空中翻转	Lesson 23	20
somersault	滚翻	Lesson 24	15
somersault (diving)	翻腾	Lesson 26	5
sore	酸	Lesson 14	17
souvenir	纪念品	Lesson 8	1
space	空	Lesson 29	4
spear play	枪术	Lesson 40	19
special price	特价	Lesson 11	19
speed	速度	Lesson 21	25
speed (type)	速度型	Lesson 49	3
spike	扣球	Lesson 17	3
splash	水花	Lesson 26	14
spokesperson	代言人	Lesson 9	2
sports clothes	运动服	Lesson 6	7
sports drink	运动饮料	Lesson 49	21
sports fan	体育迷	Lesson 7	1
sports goods	体育用品	Lesson 10	1
sports world	体坛	Lesson 38	1
spot	现场	Lesson 2	20
sprain	扭伤	Lesson 45	15
springboard	跳板	Lesson 26	1
sprint	短跑	Lesson 22	21
stability	稳定性	Lesson 45	16
stadium	体育场	Lesson 3	9
stair machine	踏步机	Lesson 11	3

stamina	体能	Lesson 35	14
stamp	邮票	Lesson 8	7
stance	步型	Lesson 39	14
stance training	桩功	Lesson 40	15
stand in the position	站位	Lesson 34	15
stand up	起立	Lesson 4	17
standard room	标准间	Lesson 5	9
star	明星	Lesson 8	15
start	开局	Lesson 17	6
start	起步	Lesson 32	15
start	首发	Lesson 36	4
start to run	起跑	Lesson 22	10
starter	发令员	Lesson 22	17
starting block	出发台	Lesson 25	7
starting pistol	发令枪	Lesson 22	18
state of illness	病情	Lesson 41	18
station (of TV, radio)	台	Lesson 36	7
steal	抢断	Lesson 16	10
sth. worth seeing or reading	看头	Lesson 16	2
stimulant drug	兴奋剂	Lesson 36	10
stir	轰动	Lesson 38	9
stomach ache	胃痛	Lesson 50	14
stones, pieces (in chess or go)	棋子	Lesson 29	21
stop	止步	Lesson 37	11
storage box	储物箱	Lesson 13	6
storm	强攻	Lesson 17	19
straight punch	直拳	Lesson 33	5
street basketball	街头篮球	Lesson 42	15

street sports	街头运动	Lesson 42	1
strength	力度	Lesson 19	19
strength	力量	Lesson 23	23
strength	体力	Lesson 43	8
strengthen physical health	健体	Lesson 33	12
strenuous	剧烈	Lesson 45	13
stress	压力	Lesson 39	13
stretch	伸展	Lesson 14	15
stretch knees	压膝	Lesson 41	8
stretch legs	压腿	Lesson 41	7
stretched	直体	Lesson 23	21
strikes	排打功	Lesson 40	17
stroke	板	Lesson 20	2
strong point	强项	Lesson 22	19
strong team	强队	Lesson 36	6
style	款式	Lesson 7	17
style	样式	Lesson 10	10
substitute	替补	Lesson 36	12
subway	地铁	Lesson 5	19
suit	花色	Lesson 30	10
suitable for both the young and old	老少皆宜	Lesson 39	10
sunscreen	防晒霜	Lesson 45	6
super (fan)	铁杆儿	Lesson 8	14
superstar	巨星	Lesson 9	15
surf	冲浪	Lesson 43	22
surgery, operation	手术	Lesson 47	20
suspense	悬念	Lesson 34	10
sustain	相持	Lesson 20	3

sweat heavily	满头大汗	Lesson 41	6
sweep	包揽	Lesson 37	17
sweet food	甜食	Lesson 50	10
swell up	肿	Lesson 46	10
swim	游泳	Lesson 1	3
swim suit	游泳衣	Lesson 10	5
swimming pool	游泳池	Lesson 5	15
swimming stroke	泳姿	Lesson 25	1
swing (in golf)	发球	Lesson 4	5
sword	剑术	Lesson 40	6
synchronized diving	双人跳水	Lesson 26	7
synchronized swimming	花样游泳	Lesson 49	14
T			
table tennis	乒乓球	Lesson 3	13
tacit understanding	默契	Lesson 22	8
tactics	招数	Lesson 29	11
tae kwon do	跆拳道	Lesson 33	2
Tai Chi Chuan	太极拳	Lesson 39	2
Tai Chi Fan	太极扇	Lesson 41	4
Tai Chi Sword	太极剑	Lesson 39	5
take a photo with	合影	Lesson 9	6
take a taxi	打车	Lesson 5	20
take off one's hat	脱帽	Lesson 4	16
take the crown	夺冠	Lesson 17	23
take-off point	起跳点	Lesson 21	22
take-up	起跳	Lesson 21	10
taxi	出租车	Lesson 6	9
taxi stand	扬招点	Lesson 6	10

team	球队	Lesson 1	17
team uniform	队服	Lesson 7	16
tear	撕裂	Lesson 46	5
technical timeout	技术暂停	Lesson 17	14
teenage group	少年组	Lesson 31	18
tempo	节奏	Lesson 33	19
tendon	肌腱	Lesson 45	9
tennis court	网球场	Lesson 5	17
tennis skirt	网球裙	Lesson 10	9
tennis world	网坛	Lesson 18	19
tent	帐篷	Lesson 43	15
territory	实地	Lesson 29	7
the Asian Championship	亚锦赛	Lesson 17	17
the Asian Games	亚运会	Lesson 2	4
the Australian Open	澳网	Lesson 37	5
"The best time of the day is the morning."	一天之计在于晨	Lesson 41	16
the deep end	深水区	Lesson 25	15
the FIFA Player of the Year	足球先生	Lesson 38	19
the final	总决赛	Lesson 3	2
the final eight	八强	Lesson 18	20
the first half	上半场	Lesson 19	1
the full draw	满弓	Lesson 34	24
the game of Go	围棋	Lesson 4	3
the Grand Slam	大满贯	Lesson 18	1
the host of an event	主办方	Lesson 2	9
the king of go	棋王	Lesson 29	14
the Olympic Games	奥运会	Lesson 1	2
the Olympic Rings	奥运五环	Lesson 8	5

the third prize	季军	Lesson 37	23
the whole audience	全场	Lesson 7	4
the Winter Olympic Games	冬奥会	Lesson 27	12
the World Cup	世界杯	Lesson 1	6
theme park	主题公园	Lesson 44	2
three-pointer	三分球	Lesson 16	14
thrilling	惊险	Lesson 44	4
throw	掷	Lesson 21	15
throw jump	抛跳	Lesson 27	15
throw up	吐	Lesson 47	4
ticket	门票	Lesson 2	1
ticket check	检票口	Lesson 3	10
tie	平手	Lesson 37	13
tight	紧身	Lesson 10	25
tight-fitting	贴身	Lesson 44	9
time limit	时限	Lesson 34	3
timetable	课表	Lesson 12	10
tire	轮胎	Lesson 32	16
title	头衔	Lesson 27	11
top	顶尖	Lesson 16	21
top player	高手	Lesson 16	22
top player	种子选手	Lesson 26	18
topspin	上旋	Lesson 20	8
torchbearer	火炬手	Lesson 38	6
touch the foul line	踩线	Lesson 21	26
touch the walls	触壁	Lesson 25	6
Tour de France	环法自行车赛	Lesson 35	17
tour pal	驴友	Lesson 43	21

tournament	联赛	Lesson 30	11
track and field events	田径	Lesson 21	1
track events	径赛	Lesson 22	1
trademark	招牌动作	Lesson 23	19
traffic jam	堵车	Lesson 5	22
train	培训	Lesson 6	6
training intensity	训练强度	Lesson 45	12
transfer	换乘	Lesson 5	18
transfer	转会	Lesson 38	11
transfer a membership	转卡	Lesson 13	2
traumatic	创伤性	Lesson 47	14
tread water	踩水	Lesson 25	16
treadmill	跑步机	Lesson 11	10
treat	治疗	Lesson 48	5
trounce	力挫	Lesson 36	19
trump	将	Lesson 30	13
tuck	抱膝	Lesson 26	4
twist	转体	Lesson 23	24
U			
U.S. Open	美网	Lesson 18	18
uncomfortable	不舒服	Lesson 50	4
uneven parallel bars	高低杠	Lesson 24	3
Universiade	大运会	Lesson 6	4
unknown number	未知数	Lesson 26	17
use anything you can find around you	就地取材	Lesson 46	14
V			
value for money	性价比	Lesson 11	7

vertical (hight of a jump)	弹跳力	Lesson 17	4
veteran	资深	Lesson 3	12
veteran	老将	Lesson 17	24
vigorous	活力四射	Lesson 7	11
violate	违反	Lesson 18	16
violence	暴力	Lesson 33	22
VIP seat	贵宾席	Lesson 2	8
vitalize	活跃	Lesson 7	10
vitamin	维生素	Lesson 49	17
volleyball	排球	Lesson 17	1
volunteer	志愿者	Lesson 6	1
vomit	吐	Lesson 47	4
W			
wait and see	拭目以待	Lesson 36	23
walk around	走动	Lesson 4	10
war situation	战局	Lesson 16	15
ward off	招架	Lesson 18	10
warm bath	温水澡	Lesson 50	17
warm up	热身	Lesson 14	14
watch games	观赛	Lesson 3	1
water polo	水球	Lesson 35	22
water ski	滑水	Lesson 44	6
weight bench	卧推床	Lesson 12	16
weightlifting	举重	Lesson 35	1
well-matched in strength	势均力敌	Lesson 16	1
whistle	吹哨	Lesson 16	11
White	白棋	Lesson 29	6
white	白方	Lesson 31	10

white belt	白带	Lesson 33	25
Wimbledon Championship	温网	Lesson 1	13
win narrowly	险胜	Lesson 17	21
winning percentage	胜率	Lesson 36	21
work out	锻炼	Lesson 12	19
wound	伤口	Lesson 46	16
wrestling	摔跤	Lesson 33	20
wrist	手腕	Lesson 47	6
X			
X-ray film	X 光片	Lesson 47	8
Y			
yacht	帆船	Lesson 35	13
year card	年卡	Lesson 13	3
yellow card	黄牌	Lesson 15	28
yield	贴	Lesson 29	12
yoga mat	瑜伽垫	Lesson 10	23
yoga wear	瑜伽服	Lesson 10	20
Yunnan White medical powder	云南白药	Lesson 48	19

Fùlù
附 录
APPENDICES

Zhōngguó Gè Dà Chéngshì Tǐyù Chǎngguǎn
(一) 中国 各大 城市 体育 场馆
Míngchēng、Dìzhǐ
名称、 地址 ①

Names and Addresses of Sports Venues in Major Chinese Cities

地址	名称	地址
北京	国家体育场（鸟巢）	北京市朝阳区国家体育场南路1号
北京	国家游泳中心（水立方）	北京市朝阳区天辰东路11号
北京	国家体育馆	北京市朝阳区天辰东路9号
北京	国家网球中心	北京市朝阳区林萃路2号
北京	奥林匹克森林公园网球场	北京市朝阳区北四环中路奥林匹克森林公园内
北京	北京工人体育场	北京市朝阳区三里屯工人体育场北路
北京	英东游泳馆	北京市朝阳区安定路1号国家奥林匹克体育中心内

---

① 本书收录的各体育场馆名称、地址，以本书完稿时收集到的信息为准，仅供参考。如需最新准确信息，请登录各体育场馆官网查询。

北京	五棵松体育馆(万事达中心)	北京市海淀区复兴路69号
北京	丰台体育中心垒球场	北京市丰台区丰体北路8号丰台体育中心内
北京	老山自行车馆	北京市石景山区老山西街5号
天津	河东体育场	天津市河东区津塘路52号
天津	天津市人民体育馆	天津市和平区贵州路33号
天津	天津泰达体育场	天津市滨海新区(北海路交口)
天津	天津奥林匹克体育中心体育场	天津市南开区凌宾路
上海	虹口足球场	上海市虹口区东江湾路444号
上海	上海体育场(八万人体育场)	上海市徐汇区天钥桥路666号
上海	上海体育馆	上海市徐汇区漕溪北路1111号
上海	上海国际网球中心	上海市徐汇区衡山路516号
上海	上海仙霞网球中心	上海市长宁区虹桥路1881—1887号
上海	源深体育发展中心	上海市浦东新区羽山路9号
上海	虹口体育馆	上海市虹口区东体育会路707号
上海	杨浦体育场	上海市杨浦区隆昌路640号
上海	静安体育中心	上海市静安区康定路151号
上海	静安区体育场	上海市静安区威海路681号
上海	静安区体育馆羽毛球馆	上海市威海路681号
广州	梦幻羽毛球馆	广州市白云区黄石东路299号
广州	南湖高尔夫俱乐部	广州市白云区南湖旅游区南湖北岸
广州	新奥体育中心	广州市白云区同和路鸡颈坑
广州	海角红楼游泳场	广州市荔湾区桥中街红楼路9号

广州	广州工人体育场	广州市荔湾区环市西路7号
广州	西郊游泳场	广州市荔湾区黄沙大道粤南大街3号
广州	青年网球中心	广州市荔湾区南岸路5号青年公园内
广州	黄金海岸珠江游泳场	广州市海珠区滨江东路543号
广州	紫罗兰网球场	广州市越秀区先烈中路79号黄花岗公园内
广州	天河体育中心	广州市天河区体育西路299号
重庆	奥林匹克体育中心体育场	重庆市九龙坡区袁家岗
重庆	高科体育中心	重庆市渝北区北部新区黄山大道东段201号
重庆	全民健身中心	重庆市沙坪坝区新体村12号
重庆	黔江体育场	重庆市黔江区河滨西路北段
重庆	北碚人民体育场	重庆市北碚区公园村12号
重庆	蓝湖郡体育中心	重庆市渝北区金开大道1111号
成都	四川省体育馆	成都市武侯区人民南路四段8号
成都	成都体育中心	成都市青羊区人民中路一段11号
深圳	深圳湾体育中心	深圳市南山区滨海大道3001号
深圳	西丽体育中心	深圳市南山区龙珠一路29号
深圳	怡景体育馆	深圳市罗湖区黄贝路1009号
深圳	罗湖体育馆	深圳市罗湖区罗沙公路经二路48号
深圳	深圳体育场	深圳市福田区笋岗西路2006号
深圳	大运中心体育场	深圳市龙岗区龙翔大道3001号
深圳	光明新区体育中心	深圳市光明新区公明街道兴发路35号
南京	钢铁厂体育馆	南京市六合区幸福路77号

南京	奥林匹克体育中心体育馆	南京市建邺区江东中路222号
南京	五台山体育中心体育场	南京市鼓楼区广州路173号
南京	民国体育场	南京市玄武区灵谷寺路8号南京体育学院内
苏州	苏州体育中心体育场	苏州市金阊区三香路183号
杭州	西湖体育馆	杭州市西湖区玉古路172号
杭州	黄龙体育中心	杭州市西湖区黄龙路1号
杭州	杭州体育馆	杭州市下城区体育场路210号
杭州	邵逸夫体育馆	杭州市西湖区浙大路38号浙大玉泉校区内
武汉	武汉体育中心	武汉市汉阳区汉阳经济技术开发区车城北路58号
长沙	人民体育馆	长沙市开福区体育馆路1号
长沙	贺龙体育中心	长沙市天心区芙蓉中路二段188号
南昌	江西省奥林匹克体育中心	南昌市高新开发区紫阳大道666号
南宁	广西体育中心体育场	南宁市五象新区五象大道西段669号
济南	山东省体育中心体育场	济南市市中区经十路20286号
济南	皇亭体育馆	济南市历下区泉城路15号
济南	天桥体育馆	济南市天桥区堤口路14号
济南	奥林匹克体育中心体育场	济南市历下区荷宁路济南奥林匹克体育中心附近
青岛	国信体育馆	青岛市崂山区银川东路3号
石家庄	河北省体育馆	石家庄市长安区中山东路
郑州	河南体育中心体育场	郑州市惠济区长兴路38号

呼和浩特	呼和浩特市体育场	呼和浩特市新城区成吉思汗大街南
乌鲁木齐	新疆体育中心	乌鲁木齐市新市区北京中路460号
长春	南岭体育场	长春市南关区自由大路35号
沈阳	沈阳奥林匹克体育中心体育馆	沈阳市浑南新区营盘路12号
大连	大连市人民体育场	大连市西岗区五四路66号
哈尔滨	哈尔滨国际会展中心体育场	哈尔滨市南岗区红旗大街经济开发区内
兰州	兰州体育馆	兰州市城关区广场南路129号
太原	山西省体育中心体育馆	太原市小店区体育路21号
西安	陕西省体育馆	西安市碑林区南关正街109号
西安	西安市人民体育场	西安市新城区西五路26号
昆明	拓东体育场	昆明市盘龙区东风东路99号
昆明	星耀体育馆	昆明市东南新城市中心区新昆洛公路和广福路交汇处
贵阳	贵州省体育场	贵阳市南明区遵义路318号
拉萨	西藏体育馆	拉萨市城关区娘热路27号

Zhōngguó Zhǔyào Tǐyùlèi Bàokān Míngchēng

（二）中国主要体育类报刊名称
Names of Major Chinese Sports Publications

报刊名称	主办单位	备注
中国体育报	中国体育报业总社	以体育新闻报道为主的日报。
体坛周报	体坛周报社	以体育新闻报道为主。周报，每周三期，重大体育赛事期间出日报（如奥运会、世界杯等）。
足球	广州日报报业集团	报道最新体育资讯。逢周一、四出版。
足球周刊	体坛传媒	报道面广，从欧洲五大联赛到与足球有关的奇人异事；信息量大，使读者可以从多个角度了解足球。双周刊。
篮球先锋报	广州日报报业集团	报道NBA、CBA、世锦赛、欧美对抗等重量级篮球赛事。逢周一、四出版。
健与美	中国体育报业总社	前沿的运动健康成果、流行的健身趋势、国内外的健身资讯等。月刊。
体育博览	体育博览杂志社	主要刊登体育类新闻资讯，体育时尚，体育名人访谈。月刊。
体育科学	中国体育科学学会	反映国内体育科研最新成果。月刊。
新体育	中国体育报业总社	综合类体育月刊。
体育画报	中国体育报业总社、财讯传媒与时代公司携手推出	报道体育新闻，彰显运动之美，弘扬运动之道。周刊。
中国体育	中国体育报业总社	观察剖析中国体育界及其关联的种种社会现象。月刊。

Zhōngguó Gùdìng Jǔbàn de Dàxíng Tǐyù Sàishì
(三) 中国 固定 举办 的 大型 体育 赛事
Names of Major Recurring Chinese Sports Competition

名称	举办地	时间或周期
北京马拉松	北京	每年10月或11月
大连国际马拉松赛	大连	每年5月
杭州国际马拉松赛	杭州	每年11月
上海国际马拉松赛	上海	不定
国际田联钻石联赛上海站	上海	每年5月
中国网球公开赛("中网")	北京	每年10月初
上海网球大师赛	上海	每年10月中旬
深圳国际女子网球公开赛	深圳	不定
深圳国际男子网球公开赛	深圳	每年9月底到10月初
广州国际女子网球公开赛	广州	每年9月中下旬
斯诺克中国公开赛	北京	每年3、4月间
环海南岛国际大帆船赛	三亚	每年3月
中华人民共和国全国学生运动会	不定	每三年一届;暑假期间
中华人民共和国全国运动会("全运会")	不定	每四年一届;日期不定

Zhōngguó Chuántǒng Mínjiān Tǐyù Xiàngmù

(四) 中国 传统 民间 体育 项目
Names of Traditional Chinese Athletic Activities

项目	英文名称
拔河	tug-of-war
踩高跷	walking on stilts
打沙包	playing sandbags
荡秋千	playing on swings
抖空竹	diabolo
斗鸡	cockfighting
放风筝	kiteflying
滚铁环	iron hoop rolling
赛龙舟	dragon boat race
抢花炮	sparkler-grabbing
踢毽子	kicking shuttlecock
跳房子	playing hopscotch
跳绳	rope skipping
转陀螺	spinning top
舞龙	dragon dance
舞狮	lion dance

Zhōngguó Zhǔyào Tǐyù Jīgòu Zǔzhī Míngchēng
（五）中国　主要　体育　机构　组织　名称
Names of Major Chinese Sports Organisations

中文名称	英文名称
国家体育总局	General Administration of Sport of China
中华全国体育总会	All-China Sports Federation
中国奥林匹克委员会	Chinese Olympic Committee
中国田径协会	Chinese Athletics Association
中国足球协会	Chinese Football Association
中国篮球协会	Chinese Basketball Association
中国排球协会	Chinese Volleyball Association
中国乒乓球协会	Chinese Table-tennis Association
中国羽毛球协会	Chinese Badminton Association
中国网球协会	Chinese Tennis Association
中国游泳协会	Chinese Swimming Association
中国滑冰协会	Chinese Skating Association
中国体操协会	Chinese Gymnastics Association
中国健美操协会	Chinese Sports Aerobics Association
中国柔道协会	Chinese Judo Association
中国武术协会	Chinese Wushu Association
中国跆拳道协会	Chinese Taekwondo Association
中国拳击协会	Chinese Boxing Association
中国射击协会	Chinese Shooting Association
中国围棋协会	Chinese Weiqi Association
中国桥牌协会	Chinese Bridge Association
中国自行车协会	Chinese Cycling Association

Lìjiè Àoyùnhuì Jǔbàndì
(六)历届 奥运会 举办地
Locations of Past Olympic Games

	举办地	时间
第三十一届奥运会	里约(巴西)	2016年
第三十届奥运会	伦敦(英国)	2012年
第二十九届奥运会	北京(中国)	2008年
第二十八届奥运会	雅典(希腊)	2004年
第二十七届奥运会	悉尼(澳大利亚)	2000年
第二十六届奥运会	亚特兰大(美国)	1996年
第二十五届奥运会	巴塞罗那(西班牙)	1992年
第二十四届奥运会	汉城(今首尔,韩国)	1988年
第二十三届奥运会	洛杉矶(美国)	1984年
第二十二届奥运会	莫斯科(苏联)	1980年
第二十一届奥运会	蒙特利尔(加拿大)	1976年
第二十届奥运会	慕尼黑(联邦德国)	1972年
第十九届奥运会	墨西哥城(墨西哥)	1968年
第十八届奥运会	东京(日本)	1964年
第十七届奥运会	罗马(意大利)	1960年
第十六届奥运会	墨尔本(澳大利亚)	1956年
第十五届奥运会	赫尔辛基(芬兰)	1952年
第十四届奥运会	伦敦(英国)	1948年
第十三届奥运会	伦敦(英国)	(因二战停办)
第十二届奥运会	先东京(日本),后赫尔辛基(芬兰)	(因二战停办)

第十一届奥运会	柏林(德国)	1936年
第十届奥运会	洛杉矶(美国)	1932年
第九届奥运会	阿姆斯特丹(荷兰)	1928年
第八届奥运会	巴黎(法国)	1924年
第七届奥运会	安特卫普(荷兰)	1920年
第六届奥运会	柏林(德国)	(因一战停办)
第五届奥运会	斯德哥尔摩(瑞典)	1912年
第四届奥运会	伦敦(英国)	1908年
第三届奥运会	圣路易斯(美国)	1904年
第二届奥运会	巴黎(法国)	1900年
第一届奥运会	雅典(希腊)	1896年